课题实验研究组成员

组　员：叶祥佳

副组长：林敬华　　刘嘉琪　　吴剑锋

组　员：吴秀秀　　林　菱　　钟嘉妮　　刘晓英
　　　　黄淑清　　韦明月　　杨　乐　　郝文静
　　　　孙　璟　　李思邦　　汤焕奇　　彭志光

课题实验研究专家指导组成员

郭元祥　　胡甫清　　谢向阳　　易正新　　张正凯
曾文浪　　严彩恒　　郭永华　　孙宏英　　廖剑辉
罗　晓　　黄国臣　　胡　军

本书系全国教育信息技术研究立项课题"信息技术与'阳光引悟课堂'深度融合的研究"（184430107）、惠州市2019—2020年度中小学幼儿园教育科学研究立项课题"阳光引悟语文新课堂四种学习常态的研究与实践"（2019hzkt302）课题实验研究系列成果。

阳光引悟教育学园

刘嘉琪　吴剑锋　著

中国·武汉

图书在版编目(CIP)数据

阳光引悟教育学园/刘嘉琪,吴剑锋著. —武汉:华中科技大学出版社,2022.9
ISBN 978-7-5680-8459-8

Ⅰ.①阳… Ⅱ.①刘… ②吴… Ⅲ.①小学教育-教育研究 Ⅳ.①G622.0

中国版本图书馆 CIP 数据核字(2022)第 159950 号

阳光引悟教育学园
Yangguang Yinwu Jiaoyu Xueyuan

刘嘉琪 吴剑锋 著

策划编辑:陈建安
责任编辑:张利艳
封面设计:王二平
责任校对:王亚钦
责任监印:徐　露
出版发行:华中科技大学出版社(中国·武汉)　　电话:(027)81321913
　　　　　武汉市东湖新技术开发区华工科技园　　邮编:430223
录　　排:华中科技大学惠友文印中心
印　　刷:武汉市洪林印务有限公司
开　　本:710mm×1000mm　1/16
印　　张:19.25　插页:5
字　　数:211 千字
版　　次:2022 年 9 月第 1 版第 1 次印刷
定　　价:58.00 元

本书若有印装质量问题,请向出版社营销中心调换
全国免费服务热线:400-6679-118　竭诚为您服务
版权所有　侵权必究

2015年3月24日,华中师范大学教授郭元祥到校指导课题研究工作

2015年9月8日,大亚湾区管委会主任黄伟才到校指导工作

2015年9月23日,学校首个广东省课题"阳光引悟教育的教学实践研究"成功开题

2016年2月22日,华中师范大学副校长黄永林、大亚湾区管委会副主任杨远辉到校指导工作

2016年4月16日,学校国家级课题开题,中央电教馆馆长王珠珠到校指导课题研究工作

2016年4月19日,华中师范大学副校长彭南生到校指导工作

2016年5月11日,学校特聘专家、国家督学胡甫清到校开展专家讲座

2016年11月28日,学校通过广东省依法治校评审,
被评为"广东省依法治校示范校"

2018年5月4日,华中师范大学副校长蔡红生到校指导工作

学校定期和华中师范大学附属小学开展远程协同教研,引领课题研究

打造教育学园,让孩子们在学园里快乐学习,快乐成长

学校每学期开展一次运动会,孩子们积极参加,阳光成长

结缘大亚湾

多年以前，神秘的大亚湾，一直是我梦中向往的地方。因为那里有我国的第一座商用核电站——大亚湾核电站！

六年前，我怀着激动兴奋的心情，以中国"深度教学"理论发起人暨实验联盟学校主任的身份，受邀来到大亚湾，作了题为"深化教学改革，提高教学质量——深度教学：观念与策略"的学术报告，方知此"大亚湾"非彼"大亚湾"！

大亚湾核电站位于经济特区深圳市的大鹏新区大鹏半岛，而此"大亚湾"则隶属于享有"惠民之州"美誉的惠州市，是惠州市的经济技术开发区，也是全国重点发展的石化产业基地，位列"中国化工园区30强"之首。

虽然两个"大亚湾"不属于同一个行政区，但它们紧紧相邻。特别是大亚湾经济技术开发区，它优美的海岸环境、强大的石化产业、蓬勃的经济活力、得力的重教举措，给我留下了深刻的印象。印象最为深刻的是与我们"深度教学"团队携手共进多年的大亚湾教育人！

2014年，大亚湾与华中师范大学首度牵手，携手龙光地产合作开办了华中师范大学附属惠州大亚湾小学。彼时，华中师范大学面向全国择优招聘的全国骨干校长叶祥佳被选派到大亚湾。我作为华中

阳光引悟教育学园

师范大学的一员,既有责任也有义务,应邀来到这所学校进行教师培训与教学指导,于是结识了叶祥佳校长。从此,我开始逐步了解并持续关注着他的阳光引悟教育研究,为他研究的每一步进展、取得的每一项成果而高兴!

2015年,我作为全国"深度教学"的倡导者、研究者,和我的团队一起联合大亚湾的学校开展了持续至今的区域"深度教学"研究合作。除因疫情外,这么多年来,每年我至少都会去大亚湾两次,深入大亚湾的课堂教学第一线,与大亚湾的教育人一起共研"深度教学",帮助一大批教师在研究中快速成长!每一次的到来,我都会感受到大亚湾的新变化,尤其是大亚湾教师的成长!

近日,办公桌上整整齐齐地摆放着一摞厚厚的书稿。我粗略翻了一下,书稿约300页,近20万字。这么厚的一摞书稿,需要付出多少时间、多少汗水才能完成啊!

一看书名——《阳光引悟教育学园》,我心想,这是叶祥佳校长的又一部新作?翻开书稿仔细一看,作者是刘嘉琪、吴剑锋!这两位都是华中师范大学附属惠州大亚湾小学的教师,是叶祥佳校长的门生。据介绍,他们俩参加工作虽然只有短短的七年时间,但他们七年如一日,在教育教学一线默默耕耘、无私奉献、勤奋学习、不懈追求,不仅收获了蒸蒸日上的事业,也收获了甜蜜美好的爱情。两人相继获得大亚湾区优秀教师、惠州市优秀思想政治工作者、惠州市优秀教育科研工作者、惠州市教坛新秀等殊荣,并分别担任学校的校长助理、副校长职务,是大亚湾区小有名气的教学之星!

结缘大亚湾

这本书的作者虽然不是叶祥佳校长,但其中的理论、架构和谋篇布局都有他深深的烙印!这是叶祥佳校长主持的国家级课题的系列研究成果,也是"信息技术与'阳光引悟课堂'深度融合的研究""阳光引悟语文新课堂四种学习常态的研究与实践"结题的佐证材料。阳光引悟教育思想、教育理念等已经深深地扎根于华中师范大学附属惠州大亚湾小学教师的心中,正持续影响着大亚湾的教师、大亚湾的教育,助推着大亚湾教师的成长和教育事业的发展!

本书分为引悟研究、引悟育人、引悟实践、引悟情怀四个篇章,它们互相联结、互相融合、互相印证、互相成就。整本书稿浑然一体,不仅架构脉络清晰,理论支撑有力,而且实践成效明显。当然,书稿也还有诸多不足,如理论的指导性还较为浅薄,实践的操作性还有待进一步完善,文笔还显得较为稚嫩,专业性与可读性还需要更好地兼顾,等等。但纵使有再多的不足,也瑕不掩瑜!书稿的出版,必将成为大亚湾区教育教研道路上又一朵绚丽的小花,更将成为大亚湾区"深度教学"与阳光引悟教育有机结合的独特范例!

因缘,与大亚湾相识、相知、相伴;因缘,与叶祥佳校长及他的阳光引悟教育理念相识、相知、相伴。缘分仍在继续。因缘,还将与刘嘉琪、吴剑锋等更多的大亚湾一线教师相识、相知、相伴!

我庆幸,我愿意结缘大亚湾,这是我这辈子的幸事!

郭元祥

2021 年 7 月 7 日于桂子山

目 录

第一章　引悟研究 /1

阳光引悟新课堂"五四三四"教学范式的研究与实践 /2
阳光引悟新课堂引读·感悟教学模式研究 /19
阳光引悟新课堂"三环"教学模式的应用研究 /25
阳光引悟新课堂引悟·发现教学模式探究 /33
小学高年级学生古诗学习兴趣的培养策略 /38
小学语文教材思考练习题的有效性研究 /44
小学生数学核心素养的培养 /73
小学数学课堂中"错误资源"的有效利用策略研究 /77
引导学生自主生成数学知识的教学策略探究 /81
《乡下人家》教学设计 /85
《大自然的声音》教学设计 /94
"体积与容积"教学设计 /103
一节汇报课的心路历程 /111
走在六年级的路上 /115
立德树人 /118
好教师的模样 /121

第二章　引悟育人 /127

引悟教学，方法引领 /128
教研促提高 /130
用心做平凡事 /132
引悟教育的"五心" /135

阳光引悟教育学园

引悟学习,共同成长 /138

阳光絮语 /147

阳光书苑的故事 /150

家校携手,阳光成长 /153

家长论坛选辑 /156

感动一刻 /164

爱——教育的灵魂 /166

班会课的思考 /169

我成了特邀嘉宾 /171

小小儿歌用处大 /174

班主任的基本功 /177

以读促悟,读中感悟 /180

第三章　引悟实践 /183

运动绽放少年光彩 /184

润物细无声——班级文化的力量 /192

搭建舞台,放飞理想 /194

爱是教育的阳光 /198

拨动情弦,以爱化之 /200

亲近自然 /203

快乐之行,收获之旅 /205

寻访长征路,迈向新时代 /207

乡村乡情,倾心静听 /209

游学长见闻,实践开眼界 /216

假期收获 /219

阅读与悦读 /221

目录

第四章　引悟情怀 /225

　　云中谁寄锦书来 /226

　　回音 /231

　　特别的礼物 /234

　　笔墨传情,静待花开 /280

　　毕业礼物 /283

后记 /297

第一章　引悟研究

　　阳光引悟教育旨在培养自我实现的阳光快乐人。教师的"引"促成学生的"悟"。教师怎么引？往哪里引？学生如何悟？悟到了什么？我们在教育教学中研究着，在课堂内外践行着。

阳光引悟教育学园

阳光引悟新课堂"五四三四"教学范式的研究与实践[①]

一、当前课堂教学存在的问题

党的十九大作出中国特色社会主义进入新时代的重大判断,提出了具有全局性、战略性、前瞻性的行动纲领,具有划时代的里程碑意义。进入新时代,国家对人才的需求发生了巨大的变化,这就要求教育必须更加注重学生发现问题、解决实际问题等能力的培养。然而,受升学压力和应试教育的影响,在很多学校的课堂上,教师依旧占据着主宰地位,"填鸭式""灌输式"的传统教学方法仍然大行其道,致使课堂教学存在着严重的问题。

(一)单调、片面、枯燥的教学方法无法激发学生的学习热情

当前,以教师为主宰的课堂依然占据了教学的主流。教师通过讲述、讲解、讲读等形式,系统地向学生传授知识。这样一味地强调知识的传授,致使课堂成了单调的记忆和练习的场所。这种单调、片面、枯燥的教学无法激发学生的学习热情,使学生长期处于被动学习的状态,忽视了学生的心理感受,阻碍了学生的身心健康成长。

---

① 本文参考叶祥佳、张正凯的《信息技术支持下的阳光引悟教育教学研究》。

(二)盲目、大量、重复的记忆和练习忽视了学生创造能力的培养

传统教学方法以盲目、大量、重复的记忆和练习为主要手段,过分强调知识的传递,将分数作为教育的最终目的,不注重学生自身的思考和理解,忽视了学生创造能力的培养,导致学生知识面狭窄、高分低能,无法培育出适应新时代要求的社会主义建设者和接班人。

(三)重智育轻德育,忽视了学生的情感教育和人格培育

传统教育强调智力培育,忽视了情感教育和人格培育。目前,部分学生在思想上求新求异,在行为上我行我素,陋习不绝,如乱丢乱扔、语言粗俗、行为鲁莽、意志脆弱、自理能力差等,这些都与新时代的人才培养目标相差甚远。

因此,构建适应新时代发展的教学范式,摆脱低效教学和被动学习的困境,让学生主动体验学习过程,体会成功的喜悦,生成健康的人格,已成为新时代教育工作者迫在眉睫的使命与任务。

二、阳光引悟新课堂理论的产生

阳光引悟新课堂"五四三四"教学范式是叶祥佳校长在近四十年的教学实践中形成的。该理论的产生主要经历了理论萌芽、理论的探索与研究、理论成果形成、理论的推广应用与提升四个阶段。

(一)理论萌芽

阳光引悟教育是一种在中国本土创生的,以学生为中心的,植根于教育教学实践土壤的草根型理论,共历经了"三位一体"教育、"五

让"教育、引悟教育、阳光引悟教育四个阶段的发展。

1985年,叶祥佳校长提出了"三位一体六要素教学法",即通过"听一听,看一看,写一写,说一说,想一想,做一做"六个要素,培养兴趣、习惯、智力和谐发展的学生。

2000年3月,"五让"教育进入教育科学研究与实验阶段。2003年10月,中国地质大学出版社出版了相关研究的专著《五让教育研究》。"五让"教育,即让学生抬起头走路,让学生在实践中创新,让学生自己设计学习问题,让教师弯腰与学生交流,让学生说我能行。

从"三位一体"教育到"五让"教育,叶祥佳校长愈加注重对学生综合素质的培育。"五让"教育将教育的核心与归属定位在"人"的高度,专注于培养学生的自信心、自主性和创造性。

在"五让"教育研究的基础上,叶祥佳校长结合了心理学家柯勒、桑代克、马斯洛等人的理论,将教师的"引"和学生的"悟"放在重要的位置,强调要同时关注教师的主导性和学生的主体性,形成了引悟教育理论。2009年9月,叶祥佳校长的教育理论专著《引悟教育论》由华中师范大学出版社出版。

2014年,在"三位一体"教育、"五让"教育、引悟教育前期理论的基础上,叶祥佳校长对教育现状进行深度探析,提出了阳光引悟教育理论。对比引悟教育理论,阳光引悟教育理论在明确了以学生为主体、以教师为主导的基础上,加入了对学生价值观的引导,其导向更加明确。

(二)理论的探索与研究

2014—2015年,叶祥佳校长和惠州市教育科学研究院张正凯副院长进行了阳光引悟教育理论的探索与研究。他们以华中师范大学附属惠州大亚湾小学和华中师范大学附属惠州大亚湾第二小学为主要实践基地,发动两所学校的全体教师参与其中,共研究了28个子课题,探讨了300多节课例,撰写了2000多篇论文。

(三)理论成果形成

2015—2016年,阳光引悟教育理论经过了第一轮的实验与研究。2015年12月,专著《阳光引悟》由华中师范大学出版社正式出版;2016年12月,《阳光引悟教育实践》《阳光引悟教育叙事》两本专著由华中科技大学出版社正式出版。这些理论研究成果为教学范式的理论探索和实践提升注入了源头活水。

(四)理论的推广应用与提升

2016—2021年,阳光引悟新课堂"五四三四"教学范式进入了推广和提升阶段。"信息技术支持下的阳光引悟教育教学研究""阳光引悟教育的教学实践研究"等多项国家级、省级课题相继立项并顺利结题,专著《阳光引悟教育情怀》由华中师范大学出版社正式出版。这些课题研究、专著出版,丰富了阳光引悟新课堂"五四三四"教学范式的内涵和外延,也促使了阳光引悟新课堂"五四三四"教学范式的研究成果在多所学校得到推广应用。截至2021年5月,已有阳光引悟教育联盟校8所。阳光引悟新课堂"五四三四"教学范式的研究成果在惠州市多所学校的推广应用效果显著,系列活动被《中国教师报》《惠州教育》等各大媒体报道。

三、阳光引悟新课堂"五四三四"教学范式的主要内容

阳光引悟新课堂"五四三四"教学范式遵循悟大于引、乐大于学、生动大于师动三大原则,构建了"三环"教学模式、"二线"教学模式、引读·感悟教学模式、引悟·发现教学模式等四种教学模式,通过置境—引入—联结—感悟—生成五个教学环节,引导学生经历进入学习、发生学习、创造学习、享受学习四个学习阶段。

(一)阳光引悟新课堂遵循的三大原则

阳光引悟新课堂是以学生为主体的课堂,遵循悟大于引、乐大于学、生动大于师动三大原则。

1. 悟大于引

"引"是教师的教法,是课堂教学的手段;"悟"是学生的感悟、体悟,是课堂教学的目标,即让学生获取新的知识和能力。学生通过教师的引导,生成、悟出新的知识,享受阳光、快乐的学习和生活。阳光引悟新课堂主张悟大于引,即强调学生的主体地位,实现教师教什么、如何引,向学生学习什么、如何悟的转变。

2. 乐大于学

爱玩是孩子的天性,玩是孩子成长过程中不可缺少的环节。阳光引悟新课堂强调乐大于学,就是让学生在有趣的活动、丰富的情境、愉快的氛围中学习,享受学习的乐趣,从而达到善学、乐学的目的。

3. 生动大于师动

行是知之始,知是行之成。学生的核心素养不能单靠听来培养,要靠做来形成。教师应从传统的教学支配者、控制者,向学生学习的组织者、引导者和合作者转变。不能让学生做"听客"和"看客",要尊重学生的主体地位,让学生在学习活动中动口、动手、动脑,做课堂的主人、学习的主人。因此,在课堂上,学生的学习活动必须多于教师的教学活动,即生动应大于师动。

(二)阳光引悟新课堂的五个教学环节

"置境—引入—联结—感悟—生成"这五个教学环节是阳光引悟新课堂的基本结构,也是阳光引悟新课堂的基石。

1. 置境

教育就是培养学生成为完整的人,因此,教师不仅要关注学生的学习,还要关注学生的学习生活。学习生活即学习中的各种活动,这些活动是有教育内容和意义的。教育情境是学生在学习生活中发现问题、研究问题、体悟问题、解决问题的有效场所。

2. 引入

引入,就是教师将预先设置的情境呈现给学生,并按照拟订的程序引导学生进入学习。阳光引悟新课堂中的引入环节不是牵着学生的鼻子走,或者给学生一个空间任其摸索,而是让学生在科学的引导、启发下去学习知识,去内化知识。对于教师而言,循序渐进地做好引导、诱导、辅导等工作,为学生的自主探究、合作学习做好铺垫,是引入环节的基本要求。引入的过程是一个精心设计与谋划的过程,引入的成功与否关系着学生能否实现快乐的学习。

3. 联结

教育心理学有这样的观点：学习的本质是在刺激与反应之间建立联系。现代社会学习理论体系中的观察学习模式，则是探究人在社会情境中由各种诱因所引起的行为反应过程。阳光引悟新课堂经过了置境和引入两个环节后，联结就显得十分重要了。联结的呈现方式有多种，最常见的有新旧知识的联结、条件与问题的联结、问题与结论的联结、具体与抽象的联结、今天与明天或昨天的联结、局部与整体的联结、顺向与逆向的联结、纵向与横向的联结等。

4. 感悟

教师主导作用的核心是启发，即循循善诱地引导；学生主体地位的核心是独立性，即独立思考、感悟。善引则达，善悟则得。因此，引悟交融便是阳光引悟新课堂的教学辩证法。

阳光引悟新课堂强调"引"的主导作用，置境、引入、联结是"引"的方法，感悟和顿悟则是"引"的结果。显然，阳光引悟新课堂中的"悟"，遵循了学生的认知规律。

5. 生成

"悟"是需要"引"的，生成是建立在"悟"的基础上的。儿童单靠动脑，只能理解和掌握知识，如果加上动手，他会明白知识的实际意义，如果再加上心灵的力量，那么认知的大门都将在他的面前敞开，知识将成为他能动地改造和创造的工具。[1] 心灵的力量是人在对知

---

[1] （苏）Ш. A. 阿莫纳什维利. 孩子们，你们生活得怎么样？[M]. 第2版. 朱佩荣，高文，译. 北京：教育科学出版社，2005.

识进行体悟、感悟的基础上生成的,这种生成依靠教师的"引"、学生的"悟",以及"引"和"悟"的融合。阳光引悟新课堂主张"引"与"悟"相互促进,从而使学生生成能动性和创造力。

(三)阳光引悟新课堂的四个学习阶段

1. 主动地进入学习

情境是学生认知和思维的基础,是学生获取知识的土壤。教学作为学生获取知识和信息的实践活动之一,其实施过程必然离不开情境。教育情境是学生在学习中发现问题、研究问题、体悟问题、解决问题的有效场所。学生通过看、听、做等实践活动获取知识,这样获得的知识才能变成能力;而在课堂中通过死记硬背获得的知识,往往是机械的,是容易遗忘的,是把记忆和理解割裂开来的。

因此,教师通过"置境"给学生创设情境,通过"引入"调动学生的眼、耳、手、脑共同参与学习活动,让学生对情境进行感知和解析,最终主动进入学习。

2. 能动地发生学习

学生沉浸到情境中后,还需要积极地进行思考和探索。教师通过提供诱因,促使学生对新旧知识、条件与问题、问题与结论、局部与整体、生活与学习之间进行联结,并对获取的信息进行概括与提炼,最终使学习真正发生。

3. 生动地创造学习

创造学习,即让学生将习得的知识充分运用,做到举一反三、闻一知十、触类旁通。阳光引悟新课堂倡导培养学生的创造力和习得学习的技能。从联结到感悟,从体悟到习得,教师循循善诱,给予学生适当的任务,促使学生独立思考并有所感悟,能够大胆地进行运用和创造,这样学生获得的知识就变得生动、有灵性了。

4. 主动地享受学习

享受学习是阳光引悟新课堂的最后一个阶段。它是学生学习中的高峰体验,也是学生学习的源动力。学生能够主动地享受学习,是因为学生内心的学习动机得到了满足,并受到了外部的正向刺激,如教师的肯定、同学的称赞。因此,要促使学生主动地享受学习,就需要教师精心设计教学活动,适时给予学生鼓励和引导。

(四)阳光引悟新课堂的四种教学模式

阳光引悟新课堂的教学模式是在阳光引悟教育理论指导下建立起来的教学活动结构框架和活动程序,是对"三大原则""五个教学环节""四个学习阶段"的提炼与升华,突出了课堂教学活动各要素之间的关系,从而使课堂有序、有趣、有效、有用。根据不同学科的不同教学目标,我们构建了四种教学模式。

1. "三环"教学模式

"三环"教学模式把课堂分为三个教学环节,即置境引入—联结感悟—生成。

从图中可以看出,三个环节相互联结,相互转化,相互依存。教师置境引入后让学生联结感悟,最后促使学生生成新知。在实践中,置境引入后也可以随即生成新知,此时,联结感悟就是潜在的环节了。

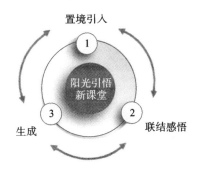

"三环"教学模式

2. "二线"教学模式

"二线"教学模式是对"三环"教学模式的有效补充与改造,其教学层次更分明。该教学模式在教程的设计上分为上线和下线两部分:上线以教师为主导,即教师引导学生进入学习情境,帮助学生在已有的知识基础上进行有效联结;下线以学生为主体,学生在联结的基础上去感悟、体悟,实现掌握新知、生成能力的目的。

"二线"教学模式

3. 引读·感悟教学模式

引读·感悟教学模式,是指在阅读教学中,以读为主线,以疑促读,以读促思,读思结合,让学生在读中悟,在悟中读,在悟中加深对课文内容的理解。引读·感悟教学模式分为自读—引读—感悟—生成四个环节,有换位感悟式、联结发散式、情境体验式、示范引领式四种引读方法。

引读·感悟教学模式

4. 引悟·发现教学模式

引悟·发现教学模式是以发现问题—尝试解决—交流提炼—有效生成为主线,包括置境设疑—联结猜想—实践验证—感悟发现四个环节。该教学模式结构精简,目的明确,层次分明,易于操作,通过引导学生猜想、实践、交流与合作,培养学生的综合能力。

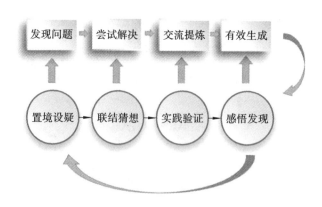

引悟·发现教学模式

四、阳光引悟新课堂"五四三四"教学范式的实践意义

1. 以教师为主导,创设五个教学环节,激发学生的学习热情

针对传统课堂单调、枯燥,无法激发学生学习热情的问题,阳光引悟新课堂"五四三四"教学范式倡导情境式、体验式、启发式的教学,让学生在教师的循循善诱中主动探索、发现和体验,从而收获学习的快乐,其发生机制可做如下概括。

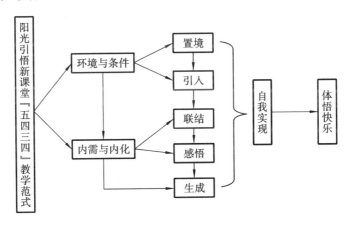

阳光引悟新课堂"五四三四"教学范式的发生机制

从图中不难看出:阳光引悟新课堂通过环境与条件、内需与内化两个要素,运用置境—引入—联结—感悟—生成五个教学环节,以及作用于这五个环节的"引"和"悟",达成"自我实现的阳光快乐人"的教育目标。

2. 以学生为主体,遵循三大原则,提升学生的创造能力

针对传统课堂不注重学生自身的思考和理解,忽视学生创造能力的培养等问题,阳光引悟新课堂"五四三四"教学范式提出了悟大

于引、乐大于学、生动大于师动三大原则,通过引导学生经历进入学习、发生学习、创造学习、享受学习四个学习阶段,让学生在情境中找方向、找问题、找方法、找结论、找快乐,促进学生的自信心、自主性、自我意识、创新能力和谐发展。

3. 运用四种教学模式,加强情感渗透,培育学生正确的价值观

阳光引悟新课堂"五四三四"教学范式以学生学习之"悟"为目标。"悟"字的左边是个竖心旁,即用心体悟,在体悟中生发情感,生成知识;"悟"字的右边是个"吾"字,即强调自我,在探究中获得能力,促进内化。阳光引悟新课堂"五四三四"教学范式构建的四种教学模式,即"三环"教学模式、"二线"教学模式、引读·感悟教学模式、引悟·发现教学模式,强调课堂应是"情"与"智"的结合,要以正确的价值观为导向,让少年儿童在身体、心理、智力、意识等方面和谐起步、生成、发展、作为,成为"自我实现的阳光快乐人"。

五、应用效果与反思

(一)取得的效果

1. 教育教学质量稳步提高,教师教学水平稳步提升

阳光引悟新课堂"五四三四"教学范式充分保障了教师的主导地位,尊重了学生的主体地位,使单调、枯燥的课堂变得生动有趣,有效激发了学生的学习热情,契合当前教育的需求。从实践效果来看,阳光引悟新课堂"五四三四"教学范式使学校的教育教学质量得到了稳步提升。从下图中可以看出,2014—2020学年华中师范大学附属惠州大亚湾小学六年级学生语数英三科期末检测成绩优秀率和合格率稳步提升,优秀率从2014—2015学年的48.1%稳步提升到2019—2020学年的79.8%;合格率虽有波动,但整体呈上升趋势,2014—2015学年的合格率为85.6%,2019—2020学年为94.4%。

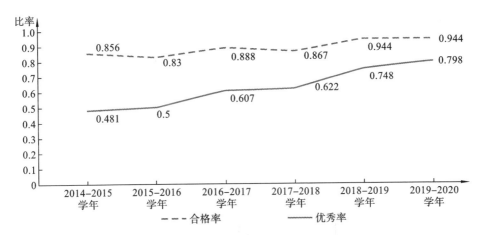

2014—2020学年六年级学生语数英三科期末检测成绩优秀率、合格率变化图

因为每年的试卷难度有所变化,所以学生语数英三科期末检测成绩的优秀率和合格率不能完全反映学校的教育教学质量。但从表1-1中可以看出,学校六年级学生的期末检测综合质量在大亚湾区公立小学中的排位呈现出明显的上升趋势,教育教学质量有较大幅度的提高,阳光引悟新课堂"五四三四"教学范式的实践效果较好。

表1-1 2014—2020学年六年级学生期末检测综合质量在大亚湾区公立小学中的排位表

学年	2014—2015	2015—2016	2016—2017	2017—2018	2018—2019	2019—2020
排位	11	12	7	6	5	3

除了学科教学成绩稳步提升之外,学生在区级及区级以上竞赛中的获奖人次也逐年增加。从下图中可以看出,2015—2016 学年学生在区级及区级以上竞赛中的获奖人次大幅增加,而后稳步增长。

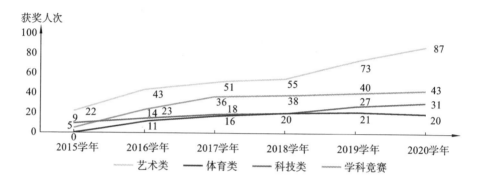

2015—2020 学年学生在区级及区级以上竞赛中的获奖人次统计

2. 教研成果显著,教师科研能力提升迅速

阳光引悟教育理论已创立七年,现有阳光引悟教育联盟校 8 所,基于阳光引悟教育理论的多项课题先后被各级教育行政管理部门立项。截至 2021 年 3 月,已有国家级课题 2 项、省级课题 4 项、市级课题 7 项、区级课题 5 项。其中,1 项国家级课题、3 项省级课题(其中 2 项结题获优秀等次)、5 项市级课题、5 项区级课题均已完成结题验收。

在上述课题研讨过程中,共举办了十二届课题研讨活动,上了 500 多节课题研讨实验课,撰写了 28 项子课题报告、30 余篇实验报告、200 多篇教学设计、2000 余篇论文,出版了《阳光引悟》《阳光引悟教育实践》《阳光引悟教育叙事》《阳光引悟教育情怀》四本专著(总字数近 100 万字)。其中,四十余篇论文已在《教师教育论坛》《教育教学论坛》等省级及省级以上期刊发表。教师在区级及区级以上的教学比武、论文竞赛中的获奖人次逐年增加。

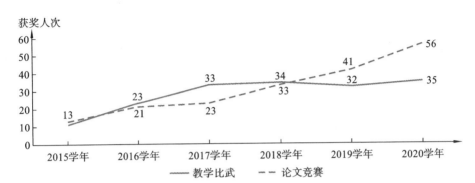

2015—2020学年教师在区级及区级以上教学比武、论文竞赛中的获奖人次统计

3. 教研成果辐射区域学校，引领惠州市基础教育

教研成果的示范与辐射作用与日俱增，极大地影响了惠州市的基础教育。学校每学期举办3—4次大型教研活动，先后接待了惠州市内40余所公办学校的同行前来学习观摩。教研成果被《中国教师报》、惠州文明网、今日惠州网、《惠州日报》、《东江时报》等媒体报道。

(二)反思

长期以来，基础教育过度追求高升学率，已异化为应试教育。这种异化使基础教育的本质属性和基本特征逐步被扭曲，背离了教育教学的基本规律，在一定程度上破坏了教育教学秩序和规范，导致了学生素质的片面发展或畸形发展。

阳光引悟新课堂"五四三四"教学范式很好地契合了当代素质教育的要求，激发了学生的学习内驱力，较好地解决了当前课堂教学中存在的问题，提升了学生的学习能力、创新能力等，促进了学生在身

阳光引悟教育学园

体、心理、智力、意识等方面和谐起步、生成、发展、作为,成为"自我实现的阳光快乐人"。当然,阳光引悟新课堂"五四三四"教学范式还需要进行深入的研究与实验,深化理论研究成果,并持续优化与推广,让更多的学校和教师知晓、借鉴。

第一章 引悟研究

阳光引悟新课堂引读·感悟教学模式研究

一、研究背景

《义务教育语文课程标准》[①]要求："语文课程应激发和培育学生热爱祖国语文的思想感情，引导学生丰富语言积累，培养语感，发展思维，初步掌握学习语文的基本方法，养成良好的学习习惯，具有适应实际生活需要的识字写字能力、阅读能力、写作能力、口语交际能力，正确运用祖国语言文字。语文课程还应通过优秀文化的熏陶感染，促进学生和谐发展，使他们提高思想道德修养和审美情趣，逐步形成良好的个性和健全的人格。"

《义务教育语文课程标准》指出："各个学段的阅读教学都要重视朗读和默读。"叶圣陶先生说过："语文课以读书为目的，教师若引导学生善于读，则功莫大焉。"语文课堂中的"读"，要读出多种层次，读准字音，读懂文义，读出情感，同时还要联系生活实际，读出趣味，读出想象力，读出多重感官体验，读出个人体悟，这样才能让语文课堂真正走进学生的心中，让学生爱上语文。

---

① 本书中所提到的语文课程标准均引自 2011 年版《义务教育语文课程标准》。

苏联心理学家利维·维谷斯基指出,儿童的语言发展是由外部语言过渡到内部语言的。心理学研究表明,小学生由于内部语言能力还未得到充分的发展,处于具体形象思维阶段。因此,教师应根据学生的心理发展特点开展朗读教学。

朗读是阅读教学中的主要活动。小学生的语文感悟能力要牢牢地依靠读来达成,而当前朗读教学大多停留在较浅的层次上。在课堂学习中,学生学习语文的兴趣不浓、热情不高;教师在朗读教学中指导不到位,对学生的朗读习惯培养不够,导致朗读练习只是走过场,不具实效。那么,如何更好地培养学生的朗读能力,促使他们不仅能读准字音,读通句子,读懂内容,而且能读出感情,读出思想感悟?要改变有读无导,有读无悟,读而无获的现状,就需要教师有目的、有方法地引导学生将读悟结合,在读中感悟。

引读·感悟教学模式以学生为主体,在教师的有效指引下,学生的"读"与"悟"可以多层次地发生,从而营造出以读促悟的语文课堂氛围。在教师的引读中,学生能够读准字音,读通句子,读懂内容,读出感情,读出思想感悟,提升朗读感悟能力。

基于这些,我们在课题研究中对小学语文引读·感悟教学模式进行了探索和实践。

二、研究内容

(一)总体框架

引读·感悟教学模式从感知、思维、实践三个维度,引导学生进行自读、引读、感悟,从而生成独特的体验,获得阅读的快乐。该教学模式的总体框架如下图所示。

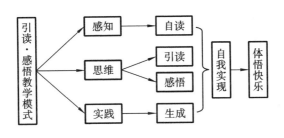

引读·感悟教学模式的总体框架

(二)基本内容

通过研究与实践,探究学生语文朗读低效的根本原因。针对这些原因,寻求解决问题的策略,从而形成可操作的小学语文引读·感悟教学模式。此课题研究成果的实施,有利于培养学生的整体感悟能力、情感体验能力、阅读主动性、人文修养,有利于提高教师的引读·感悟教学技能、教学艺术和教育教研水平。

阳光引悟新课堂引读·感悟教学法符合小学生的语文学习需要,符合素质教育和阳光引悟教育的要求,让学生充分地读,在读中整体感知,在读中有所感悟,形成良好的阅读习惯,让学生在快乐的学习生活中找方向、找问题、找方法、找结论、找快乐。

(三)研究重点

在研究过程中,针对当前学生在阅读中存在的突出问题,深入挖掘问题背后的原因,寻求解决对策。

(1)学生缺少对文本的整体性感悟。

学生在读中有所悟,是指学生借助文本语言和语境,获得一定印象和意义的心理过程。学生个体由于认知经验的差异、兴趣爱好的不同、思维活动的差别,在阅读过程中便有了独特的体验。大多数小学生只能根据只言片语来孤立地分析、理解文本,缺乏把语言文字放到具体的语境中去建立完整感受的能力,不能对文本进行多层面、全方位的整体把握,因而获得的往往是文本的表面意义,且模糊不清。

(2)学生缺少阅读的情感体验。

在《义务教育语文课程标准》的引领下,语文课堂学习由认知性学习向体验性学习转变,体验成为学生学习的重要方式。但是在现实生活中,由于受学习条件、社会环境、家庭氛围等因素的影响,多数小学生的阅读水平不高、课外阅读量少、阅读积极性较低,缺乏良好的阅读习惯,因而很难在阅读中生情,在阅读中悟情。

(3)学生缺少阅读的主动性。

当前,在小学语文阅读教学中,教师充当"独唱演员"、学生充当"忠实观众"的传统教学模式仍普遍存在。这种教学模式缺乏师生互动、生生互动和交流合作的环节,导致学生缺乏阅读的主动性,更没有自读自悟的机会。

(4)学生缺少人文熏陶。

现行的小学语文阅读教学,过于偏重对阅读内容的分析与理解,而忽视了人文教育。学生在学习语言文字的同时,没有得到情感的熏陶,更没有提高思想道德修养和审美情趣。

基于上述学生学习的情况,本课题通过研究与实践,探索出行之有效的阳光引悟新课堂引读·感悟教学模式。

三、研究方法

1. 文献分析法

查找国内外有关语文引读·感悟教学模式研究的文章,对其进行研究分析,学习借鉴前人的研究成果。

2. 案例分析法

抓住语文阅读教学中具有典型意义的、可以作为例证的教学案例进行研究。

3. 定性分析法

对学生进行开放式访谈,了解其对语言文字的感受,对阅读教学内容的体悟。

4. 经验总结法

对教学方式进行积极思考,总结筛选有效、可行的经验、方法,定期开展经验交流。撰写教学案例、教学反思、教学论文,完成课题研究报告。

四、研究实施

1. 阅读文献

课题研究前,全体成员阅读大量的文献,对前人的研究成果进行研究分析,寻求可以借鉴的经验与方法。

2. 深入挖掘教材内容，科学设计教案

抓住小学语文阅读课教学的特点，对教学内容进行深入解读，科学设计教案，召开研讨会，共同探讨有效的引读·感悟教学方法。

(1)明确读的目的。在读中悟义、悟情、悟法。

(2)明确读的内容。抓住重点字、词、句进行朗读，理解课文内文，体会作者的感情。

(3)明确读的方式。根据不同的教学内容及学生的年龄选择不同的读法，如范读、默读、引读、自由读、分角色读、小组读等。

(4)明确读的层次。首先，读准字音，读通句子，读通课文；其次，读懂文章的层次结构和主要内容；最后，有感情地朗读课文，领会作者要表达的思想感情，联结生成自我情感体悟。

3. 优化教案

根据前期设计的教案，在教完这节课后，对教案进行反思，共同研讨教学过程中出现的问题，多次打磨优化教案，进行二次备课，生成课堂教学资源。

4. 形成引读·感悟教学模式

紧紧围绕语文学科的教学特点，对教学案例进行深入的思考和研究，总结形成具有可操作性的引读·感悟教学模式。

五、问题反思

(1)教师对理论理解不深，致使教学模式的可操作性不强。

(2)引读·感悟教学模式还有待于深入探讨，对于不同课型运用何种模式还有待进一步的研究。

阳光引悟新课堂"三环"教学模式的应用研究

作文教学一直是语文教学中的重要组成部分,而小学阶段的作文教学又有其特殊性,既要符合学生的认知特点,具有趣味性,又要让学生切实掌握相应的写作方法,达到会表达、乐表达的目的。阳光引悟教育理论的核心理念是"学习是生活的,生活是体悟的,体悟是快乐的"。在这样的理念指导下,我们生成了阳光引悟新课堂"三环"教学模式:置境引入—联结感悟—生成。笔者以《我喜欢的水果》作文课为例,对"三环"教学模式的应用进行了探讨。

一、阳光引悟新课堂"三环"教学模式的基本内涵与基本原则

(一)基本内涵

阳光引悟教育的目标是通过教育教学活动,使每位少年儿童都能成长为"自我实现的阳光快乐人"。目标达成的途径是通过环境与条件、内需与内化两个要素,运用置境引入—联结感悟—生成三个教学环节,以及作用在这三个环节中的教师的"引"和学生的"悟",促使学生自我实现、体悟快乐。在课堂教学中,教师要充分尊重学生的兴

趣,遵循学生的认知规律,引导学生自主学习、自我觉悟、自我创新,让学生在学习生活中找出问题、找到方法、找出结论、找到快乐,逐步形成正确的学习观,达到领悟—感悟—体悟之目的。

(二)基本原则

1. 情境引悟原则

教师根据教学内容与教学目标,精心设计符合学生认知规律的学习、认知情境,让学生自然而然、顺顺利利地进入情境,并在教师的指导下,悟出新的知识,发现新的问题,享受学习的快乐。

2. 兴趣引悟原则

兴趣是最好的老师,也是学习者保持良好学习状态的力量之源。因此,教师应在课堂教学中设计一些能引起、激发学生学习兴趣的问题和情境,以激发学生的学习兴趣。这种兴趣的产生不是天生的,而是通过后天引导、培养逐步形成的。

3. 激励引悟原则

儿童需要激励,"好孩子是用好方法夸出来的"。教师在课堂教学中要以激励为核心,通过多种激励方式,满足学生合理的心理需求,激发学生积极的情感体验与进取向上的动机,从而使他们乐于学习,并将学到的知识内化为自己的能力。

4. 合作引悟原则

在课堂上,合作引悟不仅有利于增进教师与学生、学生与学生之间的感情,还有利于促进彼此互相学习,互相帮助,互相启迪。

二、阳光引悟新课堂"三环"教学模式的优势

阳光引悟新课堂"三环"教学模式是在阳光引悟教育理论支撑下提出来的。它的核心内容是置境引入—联结感悟—生成,即教师在课堂教学中,先创设符合学生年龄特点及认知水平的情境,将学生自然地引入学习情境,再通过引导与联结,使学生在学习过程中有所感悟,进而生成内化的新知、能力、智慧、美德等。在课堂中,这三个环节紧密相连、相互依存。"三环"教学模式的课堂以创设情境为切入点,能有效吸引学生的注意力并带领学生进入学习氛围,激发学生的思维。而在这个过程中,教师发挥了主导作用,主体仍然是学生。这种模式的课堂既有利于教师教,又有利于学生学,能达到教与学相辅相成、相互促进的效果。

三、小学语文作文教学的目标

《义务教育语文课程标准》对小学生习作分学段提出了不同的要求。第一学段:对写话有兴趣,留心周围事物,写自己想说的话,写想象中的事物;在写话中乐于运用阅读和生活中学到的词语;根据表达的需要,学习使用逗号、句号、问号、感叹号。第二学段:乐于书面表达,增强习作的自信心;愿意与他人分享习作的快乐;观察周围世界,能不拘形式地写下自己的见闻、感受和想象,注意把自己觉得新奇有趣或印象最深、最受感动的内容写清楚;能用简短的书信、便条进行交流;尝试在习作中运用自己平时积累的语言材料,特别是有新鲜感

的词句;学习修改习作中有明显错误的词句;根据表达的需要,正确使用冒号、引号等标点符号。第三学段:懂得写作是为了自我表达和与人交流;养成留心观察周围事物的习惯,有意识地丰富自己的见闻,珍视个人的独特感受,积累习作素材;能写简单的记实作文和想象作文,内容具体,感情真实;能根据内容表达的需要,分段表述;学写读书笔记,学写常见应用文;修改自己的习作,并主动与他人交换修改,做到语句通顺,行款正确,书写规范、整洁;根据表达需要,正确使用常用的标点符号。

提倡自由表达,提倡表达个人的独特感受,注重培养学生的习作兴趣、自信心和创新能力,是2011版《义务教育语文课程标准》对小学生习作提出的新要求。这就要求教师对小学作文教学方法进行创新。在作文教学中,除了要引导学生观察生活,体悟生活,从阅读中积累素材外,还要改进方法,创造性地引导学生会习作、乐习作,从而达成课程目标。

四、案例分析

小学作文课堂教学尤其要贴近学生的生活,让课堂生活化,让作文与学生的生活融为一体。基于阳光引悟新课堂"三环"教学模式下的小学语文作文课教学设计,遵循学生的认知规律,在情境的渲染、教师的引导下,促使学生生成感悟。

(一)置境引入

恰当的情境是增强学生的生活体验,激发思维与表达欲望的源泉。教师根据教学内容与目标,创设有利于学生产生学习冲动和兴趣的学习情境,以此来引入课堂学习内容。

在上《我喜欢的水果》这节作文课时,教师先展示各种水果图片,然后请学生说一说自己喜欢的水果。学生们踊跃发言,他们喜欢的水果有"酸甜可口的橘子",有"又大又红的苹果",有"金灿灿的香蕉",等等。教师提出要求:"今天我们就选同学们喜欢的橘子来写一写。只要你认真观察,就能闯关成功,最后就可以把它吃掉。有没有信心闯关成功?"学生立刻回答:"有信心!"

置境引入环节是吸引学生进入学习的环节。捷克教育家夸美纽斯曾说:"一切知识都是从感官开始的","在可能的范围内,一切事物应尽量地放在感官的跟前"。就像可爱又熟悉的水果图片一下子就吸引了学生的眼球,激发了他们的学习兴趣,使他们迫不及待地要表达自己的想法。兴趣是课堂教学中推动学生探索知识的一种"激发剂"。学生一旦产生了学习兴趣,就会形成学习动机,表现出情绪愉快、孜孜以求的特点。置境引入环节,能吸引学生的注意力,营造浓厚的学习氛围,激发学生的求知欲。

(二)联结感悟

叶圣陶先生认为:"教师教各种学科,其最终目的在达到不复需教,而学生能自为研索,自求解决。故教师之为教,不在全盘授予,而在相机诱导。必令学生运其才智,勤其练习,领悟之源广开,纯熟之功弥深,乃为善教者也。"[1]显然,一位优秀的教师或一种极佳的教法在教学过程中的作用是对学生进行诱导、引导并让其领悟、感悟、体悟。在"三环"教学模式的联结感悟阶段,教师通过联结,使学生在学习过程中有所感悟。联结的呈现方式有多种,可以是新旧知识的联结、问题与结论的联结、具体与抽象的联结等。感悟的作用包括:感悟新知,感悟发现新知的愉悦,感悟思考的快乐,感悟合作、助人的快乐等。

在《我喜欢的水果》作文课中,教师明确习作要求:仔细观察橘子,抓住橘子的特点,按一定的顺序,表达出对橘子的认识。教师在教学过程中,引导学生观察橘子,提示学生抓住"细观察""抓特点""按顺序""巧表达"等关键词开展写作。

首先,引导学生观察未剥开的橘子的外形特征,让学生通过看一看、摸一摸、闻一闻的方式抒发直观感受。在表达环节,学生中较具代表性的回答有:"橘子黄中带绿,扁圆扁圆的,像一个缩小版的灯笼","橘子脸上有黄黄的斑点,就像长了麻子的小姑娘",等等。

教师设置的条件性问题,一步步指引着学生产生新的感悟,并形成内化的情感,进而让他们体会表达的喜悦。

接着,引导学生观察剥开后的橘子,让学生通过闻一闻、看一看、掰一掰的方式观察橘子的内部,知道剥开后的橘子的气味、颜色、形状,并说一说自己的感受。

---

[1] 叶圣陶.叶圣陶语文教育论集[M].北京:教育科学出版社,2015.

第一章　引悟研究

学生们剥开橘子皮后,教师问他们闻到了什么。学生的回答有:"比原来更浓的清香扑鼻而来","一股浓郁的清香迎面扑来",等等。教师又问学生看到了什么。学生回答:"橘瓣外面有白色的丝。"接着,教师引导学生想象橘络像什么。学生的回答有:"橘瓣好像披着一层薄纱","橘瓣好像被蚕宝宝吐出的丝缠绕着"。教师继续引导学生观察整个橘子的橘瓣,问他们联想到了什么。学生的回答有:"十个橘瓣兄弟好像围在一起开家庭会议","整个橘子的橘瓣就像一个鲜嫩的小南瓜"。

然后,请学生掰下一个橘瓣观察,问他们橘瓣像什么。学生的回答有:"像月牙""像小船""像金饺子"。又问他们扒开橘瓣的薄皮,发现了什么。学生的回答有:"扒开橘瓣的薄皮,汁水流了出来","扒开橘瓣的薄皮,我看到排列整齐的果粒",等等。

最后,请学生品尝橘子的味道并说出自己的感受。学生中较具代表性的回答有:"轻轻咬开它,就可以看见那新鲜嫩黄的果肉,嘴唇上舌头上同时沾满了汁水","没有熟透的橘子又酸又甜,熟透了的就甜津津的,叫人越吃越爱吃"。

生活是最好的作文素材。在这次教学活动中,教师充分发挥引导作用,将生活中大家熟知却又疏于观察和体悟的橘子带进课堂,让学生将已有的生活体验与新的感官感受联结起来,促使学生产生新知和感悟。教师还引导学生在观察中发挥想象,通过事物与事物之间的联结,引出新知,引出学生的真情实感。

（三）生成

生成是建立在感悟的基础上的,学生在学习的过程中,生成的东西有很多。例如,新的知识、新的技能、新的能力、新的目标、愉悦的情绪等。这种生成来自教师的"引"、学生的"悟",以及"引"和"悟"的融合。设计切合教学内容的活动,以活动贯穿课堂始终,就可以使课堂成为有生命力的课堂。

在《我喜欢的水果》这节作文课中,有了教师的引导、学生的感悟,生成也就水到渠成了。进入"写一写"环节后,教师提出了这样的习作要求:根据刚才的观察,抓住橘子的特点,按照从外到内的顺序,写一写橘子,表达出对橘子的感情。写作提示:写出观察的过程,描述橘子的形、色、味,尽量使用叠词;运用比喻、拟人的修辞手法把文章写生动。

随后,学生纷纷动笔,开始写作。学生写作的过程很流畅,短短十分钟时间,有些学生已经写出了两三百字的内容。在这节作文课中,学生生成的不仅仅是对橘子的新认识,更多的是写作的兴趣与写作的快乐。

阳光引悟新课堂"三环"教学模式遵循情境引悟、兴趣引悟、激励引悟、合作引悟原则,充分发挥教师的引导作用和学生的主体作用,对小学作文课的教学有着很好的指导作用,能有效促进学生在课堂学习中体悟新知、抒发真情。

第一章　引悟研究

阳光引悟新课堂引悟·发现教学模式探究

为了激发课堂活力,提高学生的诗词鉴赏能力,真正达到"以教师为主导,学生为主体,教师'引',学生'悟'"的课堂教学目标,以教学部编版语文六年级上册的诗词《西江月·夜行黄沙道中》为例,探究阳光引悟教育理念下的引悟·发现教学模式。

引悟·发现教学模式以发现问题—尝试解决—交流提炼—有效生成为主线,主要分为置境设疑—联结猜想—实践验证—感悟发现四个环节。

一、置境设疑

古诗词篇幅短小,语言精练,意义深远,学生很难走进文本,感悟文本。杜威认为,思维起于直接经验的情境。教学活动中情境的创设非常重要,尤其对古诗词教学而言。语言所描绘的情境、图片和音乐所产生的情境、游戏互动所营造的情境等符合学生认知水平的情境,再加上教师生动而具有启发性的提问,都能很好地将学生带入古诗词的学习殿堂,充分调动学生探究的积极性,激发学生的学习兴趣,达到以趣生疑的良好效果。

上课时,教师首先放了一段音乐《静静的河流》,让学生闭眼倾听,然后提出问题:"同学们,你们从乐曲中听到了什么?"学生的回答有"流水声""虫鸣""鸟语"等。接着进一步提问:"假如晚上在有流水声、虫鸣、鸟语的地方散步,你的感觉会是怎样的?"学生的回答有"闲适""舒服""平静"等。教师适时引出课题:"今天,我们将要跟随我们的老朋友辛弃疾,一起到乡间去散步,看看他将带我们到一个怎样的诗意盛景里去。"随后和学生一起朗读《西江月·夜行黄沙道中》。此刻,学生进入了情境之中,好奇心也被激发,他们会带着各种疑问进入下面的学习。置境设疑环节为学生体会诗情画意做好了铺垫。

二、联结猜想

联结主义心理学认为,情境感觉和动作冲动反应之间形成的联结是学习的基础。因此,在古诗文教学中,创设情境、质疑生趣是铺垫,引导是重要的手段,联结是不可忽视的过程。联结学生的感觉和冲动,引导学生进行大胆的猜想,组织学生进行激烈的讨论,让每一位学生参与学习,积极思考,发表自己的见解,通过意见交流形成具有一定科学性和代表性的猜想。这一过程有利于学生真正把握诗词的内容,准确理解诗词的意象,体会诗词的画面、情感,能够培养学生敢猜敢想的勇气、猜测推想的技巧和积极验证猜想的意识。

课堂上,教师先设置了"'西江月'是本首词的题目吗?","这首词的题目是什么?","你还知道哪些词牌名?","'黄沙'在哪里?"等简单的问题,意在考查学生对诗词基本知识的掌握情况,激发学生学习诗词的兴趣。紧接着,请学生以小组为单位,以他们喜欢的方式朗读这首词,让他们把自己认为应该停顿的地方用"/"画出来,并共同完成小组合作学习单。随后,请几位学生朗读,其他学生认真倾听,看读的节奏是否合理,如果不合理,说出自己的理由。在这个环节中,学生通过自己发现问题并解决问题,提高了自学能力、合作学习能力以及诗词理解能力。

季节	
时间	
地点	
人物	
天气	
景物	看到的:
	听到的:
	闻到的:

《西江月·夜行黄沙道中》小组合作学习单

三、实践验证

在小学高年级诗词课的实际教学中,可以通过不同的方式来验证猜想,例如:抓关键字眼、诵读体悟、联系作者的生活背景、联系社会环境等。无论采用何种方式验证猜想,都要做到有理有据、有迹可循。教师引导学生验证猜想的过程,也是学生探索发现的过程。在验证猜想的过程中,学生可以对诗词进行深入理解,从而提高诗词鉴赏能力。在实践验证环节,学生是主体,教师是引导者、指导者,学生能充分发挥主动性,真正进入学习,发生学习,从而享受学习。

在各小组完成合作学习单后,教师挑选出两个小组,让他们各派一名代表对本组结论进行解说并说明猜想的理由。学生的答案如下。①季节:秋季(因为词中有"稻花香",说明是丰收的季节);夏季(因为词中有"蝉鸣""蛙声",且江西属于南方,南方种植水稻,稻花是稻子开的花,一般在夏季开)。②时间:夜晚(从题目及"明月"这个意象可以看出)。③地点:黄沙道中(由题目得知,黄沙即黄沙岭,在今江西省上饶市的西面)。④人物:辛弃疾。⑤天气:晴转多云(从"明月"和"两三点雨"可以看出)。⑥景物:眼见月、鹊、星、雨、店、桥;耳听蝉鸣、蛙声、鹊鸣;鼻闻稻花香。

这个教学环节让学生从作品中找到论证自己观点的证据,注重推演,注重思考的过程,从而提高了学生思考问题、解决问题的能力。

四、感悟发现

古诗词教学中,置境设疑、联结猜想、实践验证、感悟发现是一个循序渐进的过程。感悟发现的内容很多,比如诗词的意境、作者的思想情感、理解诗词的方法等。在感悟发现环节,学生能想象诗词所描绘的情境,体会作者的情感,受到诗词的感染和激励,这样就达成了诗词教学的目标。

在学生理解诗词内容的基础上,教师进行适时引导:"我们已经对这首词有了一定的了解。赏析一首词要从字、词入手,请同学们以小组为单位,说一说这首词中哪些字用得好,或者谈谈这首词哪里写得好,说明你的理由。"根据具体内容,将思考和表达的时间交给学生,能够很好地激发学生鉴赏诗词的兴趣,提高学生的诗词鉴赏水平。

教师接着提问:"作者的心情是怎样的?这首词赏析到这里,同学们还有不理解的地方吗?"一连串的引导式的提问让学生化被动接受为主动思考,让学生学会发现问题、解决问题,这是感悟发现环节真正的教学目的,也是达成教学目标的有效方式。

当然,诗词教学中,读必不可少,如何读?读出什么?这里就不详细论述。引悟·发现教学模式的置境设疑—联结猜想—实践验证—感悟发现四个教学环节,对于小学高年级的诗词教学来说是有效的,是学生自主体悟诗词、鉴赏诗词的有效方式。

阳光引悟教育学园

小学高年级学生古诗学习兴趣的培养策略

一、小学古诗教学的难点

古诗以其精练的语言、真切的感情、深远的意义传承着中华传统文化,是丰富学生精神生活、滋养学生心灵世界的良好启蒙教材。《义务教育语文课程标准》对小学高年级学生古诗学习提出了具体目标:阅读诗歌,大体把握诗意,想象诗歌描述的情境,体会作品的情感;受到优秀作品的感染和激励,向往和追求美好的理想;背诵优秀诗文60篇(段)。为达成学习目标,教师们采用了多种多样的教学方法。经调查研究,当前小学古诗教学存在的难点有:第一,教师过度依赖教学参考书及网络资源,自身缺乏对文本的专业理解。第二,教师教学模式固定化,基本上按"知诗人,解题意——释诗句,明诗意——想意境,悟诗情"三个步骤完成诗歌教学。教学流于表面,没有对文本进行深挖和拓展。第三,教师在教学中直接将诗意、诗情和盘托出,导致学生缺乏自主理解、体会、体悟。第四,学生学习古诗以背诵为主,难以做到迁移运用,导致学习兴趣下降。为突破当前小学古诗教学中的难点,提高学生学习古诗的兴趣,达成古诗教学目标,笔者对小学高年级学生古诗学习兴趣的培养策略进行了探究。

二、小学高年级学生古诗学习兴趣的培养策略

小学高年级学生通过前期的古诗学习,对古诗的文体、体裁、内容、特点等有一定的了解,积累了一定量的古诗,了解了一些名家和名作,掌握了一些古诗学习和赏析的技巧,为后续的古诗学习奠定了基础。小学高年级学生有一定的自主学习能力,能够通过网络等渠道搜集信息、整理信息,也有一定的理解力和判断力,对事物有自己的看法。下面,以教学《竹石》为例,探讨培养小学高年级学生古诗学习兴趣的策略。

(一)预习——深入了解作者生平

学生在预习阶段,通常需要完成的任务是认读生字、读顺文本、了解作者、理解诗意。预习对文本的深入学习有一定帮助,但古诗这种短小精悍的文体,一般蕴含了作者的远大志向和浓厚的情感,只有深入了解作者的人生经历、创作背景,才能更好地理解古诗,体会诗情。这种了解不是简单地查看一下作者简介,而是像读人物传记一样真正去了解作者的经历、思想、生活状况等。

在教授《竹石》这首诗前,教师让学生通过各种渠道了解郑板桥,以及他的故事、诗风等,从而对诗人有了初步的印象。上课时,教师先让学生分享自己对郑板桥的印象。学生认为郑板桥嗜酒、善书画、勤政爱民、刚毅正直、不畏艰难,还举了一些例子加以说明。

这种预习方式,不仅能拓展学生的知识面,为正确、全面理解古

诗做铺垫,也激发了学生的学习兴趣,拉近了学生与古诗及诗人的距离,让有血有肉的诗人形象呈现在学生眼前。

(二)理解——畅谈个人体会

诗歌教学中,很多教师容易陷入一个误区,那就是他们认为只要逐字翻译,串联诗意,学生就能够理解诗意,体会诗情。实际上,走流程式的浅层化的教学,会让学生缺乏兴趣,难以对诗歌有真正深入的理解,让诗歌学习课变得淡而无味。

《义务教育语文课程标准》指出:"阅读是学生的个性化行为。阅读教学应引导学生钻研文本,在主动积极的思维和情感活动中,加深理解和体验,有所感悟和思考,受到情感熏陶,获得思想启迪,享受审美乐趣。"

因此,教学诗歌,要让学生通过积极思考、认真体会、自由畅谈,真正进入学习、发生学习、创造学习,进而享受学习。

教师在教授《竹石》这首诗时,先让学生谈谈对诗的理解,说说作者从哪些方面对竹子进行了描写,诗中有哪些吸引自己的字眼。经过一番自由讨论之后,教师发现学生能正确理解诗意,能从诗中找到依据,概括出竹子的生长状态、生长环境、精神品质等,并且对诗中的"咬""定""坚劲""任尔"等关键字眼有准确、深刻的体会。

主动探究式的教学能让学生对诗歌产生兴趣,真正做到了将课堂还给学生,将时间交给学生,让学生充分表达自己的体会,践行了"以教师为主导、以学生主体"的教学理念。

(三)吟诵——移情体会,表达情感

诗歌语言具有音乐美和画面美的特点。节奏、韵律和声调是诗歌音乐美的标志,这三者和内容相结合就构成了诗歌的旋律系统。旋律系统是诗人表达情感的重要手段,它可以使诗歌抑扬顿挫、悦耳动听。画面美是指诗歌优美的语言所描绘出的美丽画面。诗歌的语言特点决定了它在朗读时与一般文章有较大的差异。古人云:"读书百遍,其义自见。"苏轼也有"三分诗,七分读"的说法。重视诗歌朗读是必要的,而恰当的朗读对诗歌学习更重要。实践探索发现,吟诵是帮助学生理解诗歌、移情体会、表达情感的有效手段,也是激发学生学习诗歌兴趣的有效策略。教学中,可以开展单纯的正音吟诵、初步理解诗意的朗诵、想象画面和体会诗情的吟咏等不同层次的吟诵。

(四)表演——古诗演绎,画面再现

在中国古代,诗、歌、乐、舞是合为一体的。诗就是歌词,一般是配合音乐、舞蹈来吟唱,后来诗、歌、乐、舞各自发展,自成体系。为增加古诗学习的趣味性,便于学生学习理解,我们可以采用诗、歌、乐、舞相结合的教学方式。中央电视台节目《经典咏流传》给了我们很大的启发,教师可以在课堂上播放以古诗为词的歌曲,让学生跟唱,也可以配上自编的舞蹈,再现诗歌的音乐美和画面美。

在教学《竹石》这首诗时,教师让学生合唱以《竹石》为词的歌曲,同时配合自编的古典舞,使整节课充满了诗情、诗趣。丰富多彩的教学内容,多感官协同参与的学习方式,让学生能够有效、高效地学习。

(五)答题——古诗积分对决

为了检测学生对古诗内容、作者经历和思想情感的理解,巩固所学知识,采用答题特别是答题竞赛的方式效果较好。

中央电视台节目《中国诗词大会》具有独特的魅力,深受观众喜爱。对于古诗教学,教师可以借鉴其中的一些竞技方式。在《竹石》的教学中,教师自编了12个题目,让男生队和女生队抢答,答对一题积一分,答错不得分。积分高的队伍将在下一轮"飞花令"游戏中拥有一次说"过"的机会。这个环节的教学设计,充分利用学生的好胜心理,极大地激发了学生的进取心、求知欲和学习兴趣。

好的题目能很好地帮助学生巩固所学、拓展知识,引发进一步探索的欲望。例如,这节课中的题目有:

郑板桥晚年对自己一生的著述进行了整理,下列哪个观点是正确的?

A. 将应酬一类的诗词单独整理成一部作品集并刊印传世。

B. 将应酬一类的诗词从自己的作品集里直接删去。

C. 将应酬一类的作品反复修改,直至满意才编入自己的作品集并刊印。

学生需要在充分了解诗人、理解诗歌的情况下才能选出正确答案。而在"飞花令"环节,飞的是"竹""南"两字,既与《竹石》相关,又能有效拓展。台上的学生激烈对决,台下学生也在积极思考,这样课堂就变成了一个巩固所学、激发学习兴趣的学习场。

(六)绘画——笔下生花,再现诗境

古诗中的题画诗将诗、书、画结合起来,相得益彰,能够让人充分感受它的艺术美。为了激发学生的学习兴趣与创造能力,在教学实践中,教师可以大胆地将中国绘画引入古诗教学,积极引导学生根据古诗进行绘画,再现诗境,这样就能收到较好的教学效果。

多感官结合、多学科融合的教学方式,能很好地激发学生的学习兴趣。在教学《竹石》这首诗时,教师先展示自己的画作,让学生欣赏。再请学生一起画竹石图,并在竹石图旁边配上《竹石》这首诗的诗句。学生通过绘画,对竹子的形态、品格也有了更直观的理解。

三、结语

因此,基于《义务教育语文课程标准》中对古诗教学的要求,以及具体教学目标的设定、小学高年级学生的学情,对于学生古诗学习兴趣的培养,可以总结出以下策略:通过预习,深入了解作者生平;通过让学生自由畅谈个人体会,帮助学生理解诗意;通过诗歌吟诵,引导学生表达情感;通过歌舞表演,再现诗歌情感;通过答题竞赛,巩固所学知识;通过绘画,再现诗境。这些策略有助于提高学生的学习兴趣,拓展学生的知识面,提高学生的自主学习能力和创造能力。但教无定法,在教学中需要根据实际情况选择相应的策略,来达成教学目标。

小学语文教材思考练习题的有效性研究

目前,已有很多学者对语文教材练习系统进行了研究,研究的内容主要集中在三个方面:一是,课后练习的设计。比如顾黄初、顾振彪的《语文课程与语文教材》提出,语文课本练习系统的设计应该首先体现题型方面的多样性与内容形式上的变化。① 张永祥的《初中语文教科书练习设计中存在的问题及反思》分析了课后练习设计存在内容空泛、与生活脱节、能力训练没有体系等问题,提出了重视练习的趣味性、情境性等编写建议。二是,课后练习的功能和作用。在《语文课程与语文教材》这本著作中,顾黄初、顾振彪认为,课后练习系统一方面有利于教师检测教学效果,另一方面有利于学生将知识转化为能力,是教材中不可或缺的组成部分。三是,课后练习的使用情况。梅松宝的《借助课后练习指导学生自主预习》针对课后练习的使用给教师和学生提出了相应的建设性建议。

现有的关于教科书练习系统的研究大多停留在理论上,缺乏对具体教学实情的探讨。本研究希望通过调查统计人教版语文四年级(上册和下册)教科书中思考练习题的具体使用情况,找出教学实践

---

① 顾黄初,顾振彪.语文课程与语文教材[M].北京:社会科学文献出版社,2001.

与培养目标的差距,提出具体的解决方法。

一、思考练习题的概述

(一)思考练习题的相关概念

语文教材是教师进行教学决策的基础,也是学生学习、获取知识,培养语文能力和提高语文素养的凭借。它有泛指、特指、专指之分。泛指是指对人的语言文字修养产生影响的一切书面的、非书面的语言文字材料。特指是指根据课程标准编写的、供语文教学中师生使用的材料的汇总,包括教学指导书、教学参考书、教科书、习题集、练习册、教学挂图、音像教材、教学软件、选修教材等。专指是指依据语文课程标准编写的、语文教师在课堂上指导学生学习和掌握母语的文本材料,即常说的语文教科书。[①]

练习系统是指按照一定的教育目标编写的供学生练习的一系列思考题目,包括课后练习、单元综合练习。它与选文系统、知识系统、助读系统共同构成了一套完整的语文教科书体系。课后练习是编排在选文之后,与选文密切相关的练习题。它对于学生掌握和运用语文知识技能有重要的促进作用。

人教版语文四年级教科书的思考练习题(即课后练习)包含朗读或背诵课文、讨论交流课文感受、抄句子、选做题、小练笔、资料袋、阅读链接、综合性学习八大题型。因前三种题型在每篇精读课文后均

---

① 陈玉秋.语文课程与教学论[M].桂林:广西师范大学出版社,2004.

出现,后五种题型在课后练习中交替出现,为了使研究更集中和深入,笔者特选取思考练习题中的朗读或背诵课文、讨论交流课文感受、抄句子三类题型进行研究。

(二)思考练习题的研究依据

思考练习题的有效性研究离不开科学的教育理论指导,而评价思考练习题的有效使用情况是以编制的练习要达到什么样的教育目标为标准的。《义务教育语文课程标准》从知识与能力、过程与方法、情感态度与价值观三个维度明确规定了语文课程的总目标,主要有以下几点:①在语文学习过程中,培养爱国主义、集体主义、社会主义思想道德和健康的审美情趣,发展个性,培养创新精神和合作精神,逐步形成积极的人生态度和正确的世界观、价值观。②认识中华文化的丰厚博大,汲取民族文化智慧。关心当代文化生活,尊重多样文化,吸收人类优秀文化的营养,提高文化品位。③培育热爱祖国语言文字的情感,增强学习语文的自信心,养成良好的语文学习习惯,初步掌握学习语文的基本方法。《义务教育语文课程标准》还在识字与写字、阅读、写作、口语交际、综合性学习五大方面提出了要达到的目标,此处不赘述。

《义务教育语文课程标准》在语文课程总目标的指导下设置了学段目标,对第二学段(3—4年级)阅读方面的目标如下:①用普通话正确、流利、有感情地朗读课文。②初步学会默读,做到不出声,不指读。学习略读,粗知文章大意。③能联系上下文,理解词句的意思,体会课文中关键词句表达情意的作用。能借助字典、词典和生活积累,理解生词的意义。④能初步把握文章的主要内容,体会文章表达的思想感情。能对课文中不理解的地方提出疑问。⑤能复述叙事性作品的大意,初步感受作品中生动的形象和优美的语言,关心作品中人物的命运和喜怒哀乐,与他人交流自己的阅读感受。⑥诵读优秀诗文,注意在诵读过程中体验情感,展开想象,领悟诗文大意。⑦在理解语句的过程中,体会句号与逗号的不同用法,了解冒号、引号的一般用法。⑧积累课文中的优美词语、精彩句段,以及在课外阅读和生活中获得的语言材料。背诵优秀诗文50篇(段)。⑨养成读书看报的习惯,收藏图书资料,乐于与同学交流。课外阅读总量不少于40万字。

练习的设置是为了实现教育目标,使学生在练的过程中习得相应能力,重在培养学生的阅读能力。《义务教育语文课程标准》提出的总目标和学段目标具有可检测性,对促进练习的有效使用起着重要作用。《义务教育语文课程标准》也能帮助教育者认清练习设置的出发点和落脚点,帮助使用者有效利用练习,以达到最优的教学效果。

(三)思考练习题的训练目标

根据《义务教育语文课程标准》,笔者对人教版语文四年级(上册和下册)教科书课后思考练习题中的朗读或背诵课文、讨论交流课文感受、抄句子三类题型的训练目标进行了如下分析。

1. 朗读或背诵课文类

人教版语文四年级教科书思考练习题中的朗读或背诵类题型出现在每篇精读课文后,大概占了全部练习题量的三分之一,而教材中的课文都是编者根据教育目标精心挑选的,朗读或背诵课文类练习题能让学生在语文学习的过程中,吸取优秀的中华文化,培养高尚的道德情操和审美情趣。

教科书中朗读或背诵课文类的练习很多,例如:《观潮》这一课的课后练习题"课文描写的场面真壮观,我要有感情地朗读课文,还要把第三、四自然段背下来";《鸟的天堂》这一课的课后练习题"课文写得真美啊!我要有感情地多读几遍,还要把喜欢的部分背下来";《巨人的花园》这一课的课后练习题"这篇童话很有趣,我要多读几遍";《颐和园》这一课的课后练习题" 颐和园的景美,课文的语言也很美,我要有感情地多读几遍,还要把喜欢的部分背下来"。这些练习设置的目的是培养学生用普通话正确、流利、有感情地朗读课文的能力,以及主动积累课文中优美词语、精彩句段的习惯。

2. 讨论交流课文感受类

学生在讨论中方能激发创造性思维,在交流中才能获得更多体验。而讨论交流课文感受类题型的设置无疑为学生提供了学习的渠道和平台,对于学生形成积极正确的世界观、人生观、价值观有着重要作用。

讨论交流课文感受类题目分三种题型。一是,讨论、交流句中加点词的意思和在表情达意上的作用。例如,《呼风唤雨的世纪》这一课的课后练习题:"我们一起来读读下面的句子,认真体会加点词句的意思,再把这些句子抄下来。(1)20世纪是一个呼风唤雨的世纪。(2)人们只能在神话中用'千里眼''顺风耳'和腾云驾雾的神仙,来寄托自己的美好愿望。(3)20世纪的成就,真可以用'忽如一夜春风来,千树万树梨花开'来形容。"《猫》这一课的课后练习题:"我能体会到下面句子中带点词语的作用,还能用这些词语说句子呢。(1)任凭谁怎么呼唤,它也不肯回来。(2)它屏息凝视,一连就是几个钟头,非把老鼠等出来不可!"学生通过这类题的练习,可以学会联系上下文或借助工具书和自己的生活体验,理解词句的意思,从而掌握语文学习的方法。二是,讨论、交流文中不理解的地方。例如,《鸟的天堂》这一课的课后练习题:"我有一些问题想提出来和大家讨论。如,课文里五次提到'鸟的天堂',为什么有的加了引号,有的没有加呢?"《爬山虎的脚》这一课的课后练习题:"我有些问题想和大家讨论一下:爬山虎叶子的叶尖为什么一顺儿朝下？为什么'在墙上铺得那么均匀,没有重叠起来的'?"这些题型的设置旨在促进学生在学习课文的过程中,对课文中不理解的地方提出疑问,从而培养学生的问题意识和提问能力。三是,讨论、交流对文中优美词句的理解和感受。例如,《古诗词三首》这一课的课后练习题:"我能用自己的话说说诗句的意思,还想象出了一幅幅图画。'众鸟高飞尽,孤云独去闲。''遥望洞庭山水翠,白银盘里一青螺。''日出江花红胜火,春来江水绿如蓝。'"《中彩那天》这一课的课后练习题:"我们来联系实际,交流一下对'一个人只要活得诚实,有信用,就等于有了一大笔财富'这句话的体会。"学生通过这类题的练习,能达到理解和掌握句中修辞手法和表达方式,感受文中优美词句,提高审美体验,增强鉴赏能力的目标。

3. 抄句子类

俗话说:"好记性不如烂笔头。"根据小学四年级学生的身心发展特点,抄写文中的优美句子、精彩句段,能让学生积累优美语言,在好词好句中感受作品的思想感情,吸取中华优秀文化。例如,《白鹅》这一课的课后练习题:"下面的句子写得生动有趣,课文里这样的句子很多,让我们找出来读一读,再抄下来。'鹅的步调从容,大模大样的,颇像京剧里的净角出场。''狗又敏捷地跑上来,把它的饭吃完,扬长而去。'"《乡下人家》这一课的课后练习题:"下面的句子写得十分形象、生动,我抄了下来。你抄了哪些?'几场春雨过后,到那里走走,常常会看见许多鲜嫩的笋,成群地从土里探出头来。''从他们的房前屋后走过,肯定会瞧见一只母鸡,率领一群小鸡,在竹林中觅食;或是瞧见耸着尾巴的雄鸡,在场地上大踏步地走来走去。'"语文学习需要长期的积累,抄写句子类练习题重在让学生积累好词好句,并在生活中感受语言美。

(四)思考练习题的内容特点

依据《义务教育语文课程标准》编写的人教版语文四年级教科书课后思考练习题的朗读或背诵课文、讨论交流课文感受、抄句子三类训练题型,体现了国家的教育目的和培养目标。通过对三类题型的培养目标进行分析,笔者发现了练习题设置的几个特点。

1. 注重朗读

古人云:"读书百遍,其义自见。"根据语文课程的学科特点,学生要想理解体会文章的意思,领会文章的内涵,获得独特的审美体验,就要重视朗读。学生通过朗读与文本对话,不仅能学习祖国语言文字,还能在读的过程中陶冶情操。所以,根据四年级学生的身心发展特点,朗读练习的设置尤为重要。

2. 注重通过讨论交流理解课文,获得审美体验

讨论能拓展思维,交流能获取更多的审美体验。编者根据文本自身的特点,设置讨论交流课文感受类练习,旨在引导学生讨论字词的意思及其在句子中的作用,交流自己对课文的理解,从而培养学生的思考能力、运用语言文字进行交流和表达的能力。

3. 注重阅读积累

语文是一门需要积累的学科,学生只有不断地积累才能提高自己的语文素养,才能达到"腹有诗书气自华"的境界。教材中设置抄写文中优美句子的练习,能让学生在抄写中加深对课文的印象,加深对课文的理解,加强对好词好句的积累。

二、思考练习题使用现状调查

按照《义务教育语文课程标准》编写的练习,是为了让学生在朗读与背诵、交流与讨论、积累优美词句中学习语文知识,培养语文能力,提高语文素养。但练习的设置是否能实现预期的目标,练习是否都被有效利用,需要根据实际使用情况进行评价。为了了解人教版语文四年级教科书课后思考练习题在惠州市大亚湾区部分学校的使用效果,对华中师范大学附属惠州大亚湾小学、大亚湾经济技术开发区西区第一小学、大亚湾经济技术开发区西区第三小学的师生进行了问卷调查。分别设计了教师调查问卷和学生调查问卷,以了解师生对教科书思考练习题的看法和使用情况。共发放给教师27份问卷,收回有效问卷27份,有效率100%;发放给学生405份,收回有效问卷400份,有效率98.8%。

(一)调查结果统计

通过本次调查,笔者对人教版语文四年级教科书思考练习题的使用现状有了更深入的了解。对问卷调查结果进行整理与分析后,将目前小学师生对课后练习题的使用状况总结如下。

1. 对教师的调查结果

(1)教师对思考练习题的认识和态度。

教师调查问卷中的1~5题是针对教师对教科书思考练习题的认识和态度而设计的。问卷统计结果如表1-2所示。

表1-2 教师对思考练习题的认识和态度的统计结果

题目	统计结果			
您认为思考练习题重要吗?	非常重要	重要	一般	不重要
	21%	67%	12%	0%
您认为思考练习题的设置符合《义务教育语文课程标准》的目标要求吗?	完全符合	基本符合	不符合	不清楚
	22%	69%	9%	0%
您认为思考练习题的题型设置合理吗?	非常合理	较合理	较不合理	不合理
	18%	71%	11%	0%

续表

题目	统计结果			
	非常合理	较不合理,题量多	较不合理,题量少	不合理
您认为思考练习题的题量设置合理吗?	52%	37%	11%	0%
	1～2题	3～4题	5～6题	6题以上
您认为思考练习题设置多少道题较合理?	35%	52%	11%	2%

调查结果显示:绝大部分教师认识到了思考练习题的重要性,认为题目的设置基本符合《义务教育语文课程标准》对教育教学提出的目标要求,题型和题量的设置较合理,但仍有少部分教师没有对思考练习题进行深入思考,对其重要性和设置的合理性缺乏思考。

(2)教师对思考练习题的使用情况。

教师调查问卷的6～10题是针对教师对教科书思考练习题的使用情况而设计的。问卷统计结果如表1-3所示。

表1-3 教师对思考练习题的使用情况的统计结果

题目	统计结果			
您利用了思考练习题吗?	全部利用	利用了大部分	利用了少部分	未利用
	35%	42%	23%	0%
您是如何利用思考练习题的?【多选】	作为确立教学目标、重点的参考	作为教学备课的参考	作为检测自己教学效果的依据	作为检测与评价学生学习质量的标准和依据
	67%	55%	64%	78%

续表

题目	统计结果			
您让学生完成思考练习题了吗?	全部完成	完成了大部分	完成了少部分	未完成
	27%	55%	18%	0%
学生在做思考练习题的过程中态度如何?	喜欢思考练习题,很认真地完成	不太喜欢思考练习题,为了完成作业而做练习	不喜欢思考练习题,基本完成	不喜欢思考练习题,大部分题目没有完成
	32%	33%	29%	6%
学生完成思考练习题的效果如何?	学会了全部知识,锻炼了能力,达成了教育目标	学会了大部分知识,锻炼了部分能力,达成了部分教育目标	学会了少部分知识,能力没有得到锻炼,达成了部分教育目标	没有学会相应的知识,能力没有得到锻炼,未达成教育目标
	29%	52%	19%	0%

调查结果显示:绝大部分教师能将思考练习题作为确立教学目标、教学备课、检测自身教学效果、检测与评价学生学习质量的依据来使用,能让学生完成大部分练习,但在完成练习的过程中,大部分学生不喜欢思考练习题,是"被迫"完成的,练习所要达到的教育效果也不尽如人意。对于如何让学生喜欢上思考练习题,并在做题的过程中学习相应的知识和培养对应的能力,是广大教育工作者需要思考的问题。

(3)教师对思考练习题中朗读或背诵课文类题目的使用情况和建议。

教师调查问卷的 11~15 题是针对教师如何指导学生完成朗读或背诵课文类练习题而设计的。问卷的统计结果如表 1-4 所示。

表 1-4 教师对朗读或背诵课文类题目的使用情况和建议的统计结果

题目	统计结果					
学生是否都完成了思考练习题中的朗读或背诵题？	朗读或背诵题全部完成	只完成了背诵题	只完成了大部分背诵题	只完成了少部分背诵题		
	27%	67%	5%	1%		
学生是如何完成思考练习题中的朗读或背诵题的？	全部当堂完成	当堂完成朗读题，课后完成背诵题	全部在课后完成	大部分在课后完成		
	0%	35%	38%	27%		
学生完成思考练习题中的朗读或背诵题的效果如何？	能有感情地正确朗读文段，能准确流利地背诵	能较有感情地朗读文段，能准确背诵	能正确朗读文段，基本会背诵	不能正确朗读文段，不会背诵		
	17%	69%	13%	1%		

续表

题目	统计结果					
您认为是什么原因导致学生在完成思考练习题中的朗读或背诵题时不能达到最佳效果？【多选】	学生对朗读和背诵没有兴趣，不愿意朗读和背诵	学生不能正确有效掌握朗读与背诵的方法	学生缺乏有效指导	课堂上没有太多时间让学生朗读和背诵	学生课后缺乏自主性，不能按时完成学习任务	个别学生缺乏朗读与背诵的技巧
	26%	54%	17%	78%	67%	14%
您认为怎么做才能让学生的朗读和背诵达到较好的效果？【多选】	培养学生对朗读和背诵的兴趣	指导学生掌握朗读与背诵的方法	在课堂上给予学生更多朗读和背诵的机会	课后让学生家长配合，监督并指导学生完成朗读与背诵		
	76%	81%	53%	43%		

调查结果显示：绝大部分学生能完成思考练习题中的背诵题，但由于学生对朗读和背诵不感兴趣、没有掌握正确的学习方法、时间不足、缺乏有效指导和缺乏自主性等原因，朗读题的完成率不高，学生的朗读能力没有很好地得到培养。教师也对提高朗读和背诵效果进行了理性思考，认为通过培养学生的朗读和背诵兴趣，指导学生掌握朗读和背诵的方法，课堂上给予学生更多的朗读与背诵时间，课后让家长监督并指导孩子完成朗读与背诵，能让学生的朗读和背诵达到

较好的效果。教师的反思有利于提升教学效果,但反思之后是否都有所改进,是否都尽心尽责地做好教育教学工作,值得深思。

(4)教师对思考练习题中的讨论交流课文感受类题目的使用情况和建议。

教师调查问卷中的16~20题是针对教师如何指导学生完成讨论交流课文感受类题目而设计的。问卷的统计结果如表1-5所示。

表1-5 教师对讨论交流课文感受类题目的使用情况和建议的统计结果

题目	统计结果				
学生是否完成了思考练习题中的讨论交流课文感受类题目?	全部完成	完成了大部分	完成了少部分	未完成	
	17%	23%	60%	0%	
学生是如何完成思考练习题中的讨论交流课文感受类题目的?	全部当堂完成	大部分当堂完成,少部分课后完成	少部分当堂完成,大部分课后完成	全部课后完成	未完成
	0%	23%	63%	14%	0%
学生完成思考练习题中的讨论交流课文感受类题目的效果如何?	能完全理解题意,有效讨论交流	能基本理解题意,较有效地讨论交流	不太理解题意,不能有效讨论交流	完全不理解题意,不能有效讨论交流	
	15%	48%	37%	0%	

续表

题目	统计结果					
您认为是什么原因导致学生在完成思考练习题中的讨论交流课文感受类题时不能达到较好的效果？【多选】	缺乏讨论交流的热情	不能正确理解题意	不能有效讨论交流	课堂上讨论交流的机会较少	学生课后缺乏讨论交流的自主性	讨论交流的题目设置不太合理
	52%	34%	59%	61%	67%	13%
您认为怎么做才能让学生的讨论交流达到较好的效果？【多选】	激发学生讨论交流的热情	引导学生参与讨论交流	课堂上尽可能提供讨论交流的机会	课后让学生自主讨论交流	建议修改讨论交流类题目的题型与题量	
	77%	83%	51%	46%	18%	

调查结果显示：学生对思考练习题中的讨论交流课文感受类题目的完成率不高，不能在课堂上有效完成，缺乏对问题的理解和讨论交流的热情，缺乏自主交流讨论的机会。《义务教育语文课程标准》提倡学生在自主、合作、探究中学习，提倡学生大胆表达自己的想法，这就要求学生对课文进行讨论和交流，在交流中拓展思维，激发创造力。教师认为通过激发学生的讨论交流热情，加强方法的指导，在课堂上尽可能为学生提供讨论交流的机会，能有效提升学生的学习效

果。另外,部分教师认为思考练习题的编写存在局限性,建议修改讨论交流类题目的题型和题量。

(5)教师对思考练习题中的抄写优美词句类题目的使用情况和建议。

教师调查问卷中的21~25题是针对教师如何指导学生完成抄写优美词句类题目而设计的。问卷的统计结果如表1-6所示。

表1-6 教师对抄写优美词句类题目的使用情况和建议的统计结果

题目	统计结果			
学生是否都完成了思考练习题中的抄写优美词句题?	全部完成	完成了大部分	完成了少部分	未完成
	11%	54%	35%	0%
学生是如何完成思考练习题中的抄写优美词句题的?	全部当堂完成	当堂完成大部分,少部分在课后完成	当堂完成少部分,大部分在课后完成	未完成
	0%	22%	78%	0%
学生完成思考练习题中的抄写优美词句题的效果如何?	全部抄写正确、工整	大部分抄写正确、工整	少部分抄写正确、工整	未抄写
	15%	45%	40%	0%
您认为是什么原因导致学生在完成思考练习题中的抄写优美词句题时不能达到较好的效果?【多选】	没有正确理解句子含义,不能体会优美词句	缺乏正确有效的指导	课堂上没有时间完成练习	学生课后缺乏完成练习的自主性
	33%	31%	79%	65%

续表

题目	统计结果			
您认为怎么做才能让学生在完成抄写优美词句题时达到较好的效果?【多选】	指导学生理解和体会句子的含义	加强对学生的抄写指导	课堂上尽可能提供机会让学生完成练习	家长在课后对学生的抄写进行监督
	82%	75%	42%	86%

调查结果显示:大部分学生在课后完成抄写优美词句题,不能很好地达到语言积累的效果。原因是不能正确理解优美词句的含义,没有兴趣和时间完成练习。语文是一门积累语言和运用语言的学科,积累对于学生来说尤为重要,有了足够的积累才能灵活运用。教师可以加强学生对句子含义的理解,指导学生进行有效摘抄,提供更多的机会让学生自主学习,这样才能达到较好的教育教学效果。

在调查中发现,教师认为人教版语文四年级教材课后思考练习题大多无法激发学生学习语文的兴趣;很多学生因为不喜欢做练习而不喜欢学习语文,他们认为练习让语文失去了趣味性,通过练习,也没有很好地掌握学习语文的方法;人教版语文四年级教材课后思考练习题在编写上也存在一定的不足,练习题不能很好地贴近学生的日常生活,导致学生难以理解课文含义。有些教师提出应增强练习的趣味性,加强练习内容与学生实际生活的联系,让学生在生活中学习语文、体会语文、运用语文。

第一章 引悟研究

2. 对学生的调查结果

(1) 学生对思考练习题的认识态度。

学生调查问卷中的1～6题是针对学生对教科书思考练习题的认识和态度而设计的。问卷的统计结果如表1-7所示。

表1-7 学生对思考练习题的认识和态度的统计结果

题目	统计结果			
你认为思考练习题重要吗?	非常重要	比较重要	不太重要	不重要
	27%	61%	11%	1%
你喜欢思考练习题吗?	非常喜欢	比较喜欢	不太喜欢	不喜欢
	18%	36%	40%	6%
你认为思考练习题的题型设置合理吗?	完全合理	较合理	不太合理	不合理
	17%	65%	15%	3%
你最喜欢思考练习题中的哪种题型?	朗读题	背诵题	讨论交流课文感受类题	抄写优美词句题
	27%	37%	7%	29%
你认为思考练习题的题目数量设置合理吗?	合理	不太合理,题目数量较多	不太合理,题目数量较少	不清楚
	23%	54%	18%	5%
你认为思考练习题设置多少道题较合理?	1～2题	3～4题	5～6题	6题以上
	56%	27%	16%	1%

调查结果显示:大部分学生认识到了思考练习题的重要性,但对题型和题量的设置不太满意,不喜欢做练习题,认为题量过多,比较

喜欢机械识记类题目,对讨论交流课文感受类题目的兴趣不大。学生是学习的主体,练习题的设置是为了让学生在练的过程中习得相应知识和能力,所以学生对练习题的态度直接影响到练习题的使用效果。

(2)学生对思考练习题中的朗读或背诵题的使用情况。

学生调查问卷中的7~10题是针对学生对朗读或背诵类题目的使用情况而设计的。问卷的统计结果如表1-8所示。

表1-8 学生对朗读或背诵类题目的使用情况的统计结果

题目	统计结果			
语文老师让你完成思考练习题中的朗读或背诵题了吗?	全部完成	没有朗读,有背诵	没有朗读,背诵了大部分	均未完成
	23%	23%	54%	0%
语文老师是怎么让你完成思考练习题中的朗读或背诵题的?	在课堂上朗读与背诵	在课堂上朗读,在课后背诵	在课后朗读与背诵	不朗读,不背诵
	13%	38%	49%	0%
你完成思考练习题中的朗读或背诵题了吗?	全部完成	没有朗读,有背诵	没有朗读,背诵了大部分	均未完成
	16%	58%	26%	0%
你觉得你完成思考练习题中的朗读或背诵题的效果如何?	能正确、流利、有感情地朗读,能正确、流利地背诵	能正确、流利地朗读,能背诵	能正确朗读,能背诵	不能正确朗读,不能背诵
	22%	37%	41%	0%

调查结果显示：教师较注重学生的背诵，但对学生的朗读要求不高，没有切实指导学生进行朗读。学生也对朗读训练不够重视，很多学生不能完成，即使完成，也没有达成正确、流利、有感情地朗读课文的教育目标。

(3)学生对思考练习题中的讨论交流课文感受类题目的使用情况。

学生调查问卷中的11~14题是针对学生对讨论交流课文感受类题目的使用情况而设计的。问卷的统计结果如表1-9所示。

表1-9 学生对讨论交流课文感受类题目的使用情况的统计结果

题目	统计结果			
语文老师让你完成思考练习题中的讨论交流课文感受类题目了吗？	全部完成	完成了大部分	完成了少部分	未完成
	12%	32%	56%	0%
语文老师是怎么让你完成思考练习题中的讨论交流课文感受类题目的？	全部在课堂上讨论交流	大部分在课堂上讨论交流，少部分留在课后	全部在课后讨论交流	没有讨论交流
	8%	77%	15%	0%
你完成思考练习题中的讨论交流课文感受类题目了吗？	全部完成	完成了大部分	完成了少部分	未完成
	18%	45%	37%	0%

续表

题目	统计结果			
你觉得你完成思考练习题中的讨论交流课文感受类题目的效果如何?	能完全理解题意,能表达自己的想法	能基本理解题意,能表达自己的想法	不太理解题意,能表达自己的想法	完全不理解题意,无法表达自己的想法
	21%	33%	46%	0%

调查结果显示:教师对思考练习题中的讨论交流课文感受类题目的重视程度不够,不能在课堂上有效开展讨论与交流。学生讨论交流的机会较少,不能正确理解题意,无法表达自己的想法,达不到课程标准中的教育目标。

(4)学生对思考练习题中的抄写优美词句题的使用情况。

学生调查问卷中的15~18题是针对学生对抄写优美词句题的使用情况而设计的。问卷的统计结果如表1-10所示。

表1-10 学生对抄写优美词句题的使用情况的统计

题目	统计结果			
语文老师让你完成思考练习题中的抄写优美词句题了吗?	全部完成	完成了大部分	完成了少部分	未完成
	22%	53%	25%	0%

续表

题目	统计结果			
语文老师是怎么让你完成思考练习题中的抄写优美词句题的?	全部在课堂上抄写	大部分在课堂上抄写	大部分在课后抄写	没有抄写
	0%	17%	83%	0%
你完成思考练习题中的抄写优美词句题了吗?	全部完成	完成了大部分	完成了少部分	未完成
	21%	43%	36%	0%
你觉得你完成思考练习题中的抄写优美词句题的效果如何?	抄写规范,积累了优美语言	抄写较规范,积累了部分优美语言	抄写不太规范,积累了部分优美语言	抄写不规范,没有积累优美语言
	16%	44%	40%	0%

调查结果显示:教师对思考练习题中的抄写优美词句题比较重视,因为语文学习唯有积累,学生的成绩才能提高。但仍有很多学生不能做到有效积累优美词句,未能很好地达到积累课文中的优美词语、精彩句段的目标。在调查过程中,有学生反映,练习影响了自己对语文的学习兴趣。

通过此次问卷调查,笔者发现教师和学生对人教版语文四年级教科书课后思考练习题的认识和使用存在很多问题,这在很大程度上影响了练习题的使用效果,导致练习题无法发挥应有的作用。

阳光引悟教育学园

(二)调查结果分析

1. 思考练习题在使用过程中出现的问题

(1)教师与学生认识不深,重视不够。

思考练习题是按照教育目标、课程目标、教学目标有计划地设计的,旨在培养学生的语文能力,提高语文素养。语文教学的基本任务是培养学生正确理解和运用汉语言文字的能力,而此能力的形成离不开练习。朱绍禹先生曾说:"只有通过练习,听说读写的技能才能成为自觉的本领。"所以,练习对学生语文能力的培养至关重要。但调查发现,很多教师并未认识到练习的重要性,在语文教学过程中对思考练习题的重视不够,以致教科书中练习题的设置并未达到预期的教育效果。教师只重视对课文的讲解,认为讲授完课文就完成了任务,而学生也对练习题采取逃避的态度,把它们当成老师安排的任务,能不做就不做。练习题不能被有效使用,没有达到预期的目标,这与师生对练习题的认识不深、重视不够关系密切。

(2)学生对练习题不感兴趣,缺乏热情。

教师一提到练习,学生往往发出厌烦的声音,对练习完全不感兴趣,认为那是任务,有些学生甚至产生为教师做题的想法。学生对练习题的态度是敬而远之,不愿意朗读或背诵,不愿意开口讨论交流,不愿意抄写优美词句。学生在完成练习题的过程中没有成就感和愉快感,练习题的完成率不高,致使练习题没有很好地发挥作用。

(3)学生缺乏练习机会和方法指导。

教师面对朗读题时,往往是让学生在课堂上读一遍,课前课后不管不顾。在当前提倡自主、合作、探究性学习的教育理念指导下,很多教师仍然没有转变教学观念,不能在课堂上放手,于是讨论交流类题目的完成往往流于形式,变成了课堂上的一问一答。教师不能为学生提供充分练习的机会,也就使练习题成为摆设。学生在练习的过程中也缺乏方法指导,教师要求学生朗读得正确、流利、有感情,但怎样才能做到有感情?教师往往只是口头说教,没有对学生进行有效的指导。这样讨论交流的自由度虽高,但毫无章法。怎样才能有效地交流讨论?学生对此经常一头雾水。

2. 思考练习题在使用过程中出现问题的原因分析

(1)教师专业素养不高。

教师在教学过程中,并未认真钻研课程标准和教科书,对于教育所要达到的目标认识不清,观念落后,认为只要把课文讲解清楚就行了,忽视了对学生语文学习能力的培养。教师不仅是知识的传授者,也是课程的开发者。教师只有认真钻研教材,才能实现有效教学。许多教师在教学过程中并未合理安排教学内容,将课后练习融入课堂教学,而是将课文教学与课后练习割裂开来,导致学生的学习任务加重。例如《颐和园》这一课的课后练习题:"我们来讨论一下:作者是按怎样的顺序游览的,从课文的哪些语句可以看出来?"教师其实可以将这道练习题创造性地融入课堂教学,先让学生讨论,找出句子,再让全班交流。但调查发现,教师并不能很好地使用练习题,而是让练习题闲置,只顾着一味地讲解。有些教师也未能对学生的练习方法进行指导,导致学生盲目做练习,没有掌握语文学习的方法。

(2)练习缺乏趣味性,形式单一。

纵观人教版语文四年级教科书的思考练习题,第一题都是朗读或背诵,第二题是讨论交流课文中的重难点句子,第三题是体会文中优美词句并抄下来。练习的设置形式单一,缺乏变化,对于学生来说毫无新鲜感,缺乏趣味性。

(3)练习目标不明确。

练习的设置通常是"我要有感情地朗读课文","我们来讨论交流","我要把喜欢的句子抄下来",但是如何才能读得有感情,怎样才算有效交流,抄写句子要达到怎样的目的,练习中并未明确规定。练习目标不明确,导致学生在练的过程中存在盲目性和随意性。

三、提高思考练习题有效性的策略

(一)教材编写方面

1. 注重练习设计的多样性和趣味性

如果练习形式单一、缺少变化,那么很容易造成学生的思维定式和厌学情绪。形式多样和充满趣味的练习,才能让学生思维活跃、思路开阔,才能激发学生的创造性思维。根据目前教学的实际情况,教材编者可适当增加教材中题型的种类,将单纯的朗读改为分角色读、角色扮演、改编歌曲等形式,鼓励学生以说、看、演等多种方式感受知识,完成精彩有趣的练习。

根据心理学中的学习动机理论,如果学生对学习有兴趣,那么其在学习的过程中就会产生愉快的情绪体验,从而产生进一步学习的需要。因此,教材应以多样化、趣味性的练习替代枯燥的练习。例如:可以穿插一些和课文有关的谜语、脑筋急转弯等趣味题,增强练习的趣味性。

2. 注重练习的过程性指导

设置练习是希望达成一定的目标的。比如,朗读要做到正确、流利、有感情,但如何才能达到这个目标,教材在设置练习时应给予相应的指导。如,要求学生先读准字音,学会断句,把课文读流畅,并体会作者的思想感情,然后再进行有感情的朗读。有了具体的指导,学生才能有效完成练习。

3. 注重练习与学生生活实际的联系

语文是一门应用学科,与学生的生活息息相关。那么,设置练习时应加强练习与学生生活的联系,例如,学习了《为中华之崛起而读书》一文,学生感受到周恩来总理是为了中华之崛起而学习,那么可以让学生谈谈自己的学习目标是什么,让语文学习回归到生活中。注重语文学习与学生生活的联系,有利于激发、调动学生学习的积极性和主动性,让学生感受到学习的快乐。

(二)教师方面

1. 提高自身的专业素养和能力

随着社会的发展,社会对人才的要求越来越高,对教师也提出了更高的要求。新时代的教师应不断提高自身素质,不断更新教育观念,提升专业知识和能力。为了最大限度地上好课,教师要对教材进行研究,同时将新的教育理念践行于教学活动中。教师在教学中要以学生为主体,让学生在交流合作中获得能力。

2. 提高对练习的认识

设置练习是为了让学生将知识习得与能力锻炼结合起来。但很多教师并未认识到练习的重要性,在教学过程中忽视练习的存在或直接照本宣科,只为了学生在考试中能写出正确答案。这就导致了练习的设置没有达到预期目标,违背了初衷。所以,要想让教材中的思考练习题发挥作用,教师必须加强对练习的认识和研究。

3. 将练习有效运用于教学过程的各个方面

思考练习题设置在课文之后,并不代表教师一定要在学生学完课文后才处理练习题。练习的有效利用应该是将练习渗透于教学过程的各个方面,包括教师的课前备课、课内讲解、课后检测,学生的课前预习、课内思考、课后巩固提高。教师参考练习进行备课,可以快速把握课文的重难点和要完成的教学目标。将练习穿插于课内讲解中,能有效解决练习中的难题,还能减轻学生的课后学业负担。练习还可以作为检测教学成果和学生学习效果的依据。教师指导学生利用课后练习进行课前预习,可以让学生知道课文的重点,在课前对课文进行感知,以便在课堂上提出疑问,解决疑问。学完课文后,教师指导学生完成相应的练习,能对学生的学习效果进行强化。

4. 加强对学生练习方法的指导

"教是为了不教"。教师不仅要让学生学得知识,还要让学生获得学习的能力,以达到自学的目的。对于练习的处理,不能单纯局限于让学生做,然后公布正确答案,这样不利于学生学习能力的养成。教师要加强对学生练习方法的指导,让学生学会做练习,学会在练习中进行自我检测。

(三)学生方面

1. 加强对练习重要性的认识,做到自主练习

叶圣陶曾经说过:"我们必须明白,能力(或素养)不会凭空形成,它只有在知识掌握与技能训练的过程中才有可能得以形成发展,语文必须历练。"[①]学生必须加强对练习重要性的认识,把它们当成能力养成的手段,而不是被迫完成的作业,做到自主练习,在练习中感受乐趣和成就感。

2. 利用练习进行有效的自我检测

学生自觉学习,才能真正成为学习的主人。练习作为一个检测手段,学生必须利用练习进行有效的自我检测。学生在课前,可以通过练习确定学习目标,在课内,要对练习进行积极思考,课后通过练习进行自我检测,这样才能有效利用练习,时刻检测自己的学习效果,最终提升语文素养。

思考练习题是根据教育目标、课程标准、培养目标编写的一系列

---

① 叶圣陶.叶圣陶语文教育论集[M].北京:教育科学出版社,1980.

练习题,它们对于帮助学生巩固、运用所学知识,培养各种能力,提高语文素养起着重要作用。但是科学合理、体现教育目标的思考练习题只有得到科学有效的使用,才能达到预期效果。笔者通过调查发现,师生对练习的认识不深,重视程度不够,教师也因各种原因对学生的练习指导不够,练习并未引起学生的兴趣,导致很多练习被闲置。

为了提高练习使用的有效性,教材编者可以编写更富有趣味性的练习,加强练习的指导性语言设计,注重练习与学生生活实际的联系;教师可以加强对练习的研究和认识,将练习创造性地运用于教学过程的各个方面,同时加强对学生练习方法的指导;学生也要加强对练习的认识,做到自主练习。

如今,社会发展对教育提出了更高的要求,教师不再是单纯的知识讲授者,而是学生能力形成的引导者;学生不能只学习知识,而应提高自身各方面的能力和素养。师生对练习的有效利用,是达成教育目标的重要路径。

第一章 引悟研究

小学生数学核心素养的培养

英国哲学家培根曾说过:"数学是打开科学大门的钥匙。"数学具有独特的魅力,它的美主要体现在它的核心素养上。在小学数学学习的整个过程中,核心素养占据重要的地位。数学核心素养直接反映一个人认识、理解、解决问题的能力,这一点在小学阶段尤为重要。小学生刚刚涉足数学领域,处于这个学科的入门阶段,因此培养小学生的数学核心素养是非常必要的。

数学素养是认识论和方法论的综合性思维形式,包括数学思维习惯、数学运算、数据分析等。在生活中,人们遇到各种各样的问题时,所表现出来的思考方式和解决问题的策略,大多是运用数学知识来认识问题并解决问题的。

《义务教育数学课程标准》(2011年版)对小学数学的核心素养作出了明确的规定,包括:数感、符号意识、应用意识、创新意识、空间观念、数据分析观念、推理能力、运算能力、模型思想、几何直观。显而易见,核心素养在小学数学中尤为重要,那么,如何培养学生的数学核心素养呢?

阳光引悟教育学园

一、在学习知识的过程中建立学习模型

数学家华罗庚说过:"宇宙之大,粒子之微,火箭之速,化工之巧,地球之变,日用之繁,无处不用数学。"可见数学的重要性。而小学数学是数学学习的基础,在这个打牢基础的过程中,要培养学生的数学核心素养,使学生获得数学思想和解决数学问题的方法、能力,逐渐建立起完整的知识结构。

如学习"植树问题",将环形植树问题作为核心模型,逐渐演变成三种不同的模型:一边栽一边不栽;两边都栽;两边都不栽。

如学习"方程的认识",实际上就是建立方程的数学模型。我们借助天平,从比较具体相等的数量,引申到未知数量的比较。由直观的天平,抽象出具体的式子,在分类比较中建立方程的数学模型。

因此,在教学中,要注重渗透模型思想,让学生能够在现有数学知识的基础上从数量与空间等层面进行分析,借助抽象思维构建模型并解决问题。

二、培养数学意识,形成良好的数感

数感是小学数学核心素养中的一项重要内容。学生在认识并应用整数、小数以及分数的过程中,培养了数感,构建了与生活密切联系且便于理解的相关意义。

如在教授"1~10的认识"这节课时,教师的通常做法是让学生观

察情境图,先引入具体的数量,再抽象出数。如:1面国旗、2根杆子、3把椅子……学生在面对此类数量时,能够依次数数,1,2,3……由此抽象出数来,在数量与数之间建立起关系。学生在这个过程中训练了数感,为今后学习更大的数、小数、分数等打下基础。

建立数感时,引导学生将实际生活中的数量同抽象的数之间建立联系,感受生活中处处都有数学。教师利用具体的情境帮助学生理解抽象的数,培养学生的数学素养。

三、在解决实际问题中培养数学核心素养

柏拉图曾说过:"数学是一切知识中的最高形式。"在整个小学数学的学习过程中,核心素养的培养是重中之重。在解决数学问题时,要学会运用数学核心素养从多个层面去分析问题,进而解决问题。

如在教授"小数的除法"这节课时,教师给学生举了一些与实际生活紧密联系的例子,如:有4个同学一起去外面吃饭,餐费总共是25元,她们用AA制买单,每人应付多少钱呢?由这样的生活实际问题引入课题,学生很容易得出:每人付6元,还差1元。对了,还差的这1元应该怎么付钱呢?教师提示学生联系实际生活。学生知道1元=10角,那10角应该怎样分呢?每人付2角,还差2角,2角=20分,再继续把20分平均分,最终的结果是每人付6元2角5分,即$25÷4=6.25$(元)。在此基础上,让学生尝试用竖式表示出结果,同时强调小数点的写法。

数学核心素养的培养离不开教师的引导,离不开具体的生活化的教学内容,离不开精心设计的教学活动以及导向性的评价体系。在教授"小数的除法"这节课时,实现教学目标的同时,也充分培养了核心素养。因此,只有在数学教学中重视核心素养,围绕核心素养设计教学活动,才能较好地达成教育目标。

四、在课堂中体会数学核心素养的作用

对小学生而言,培养数学核心素养至关重要,所以相关教学工作要发挥重要作用,必须建立相应的核心素养培养体系,推动学生发展。培养学生的数学核心素养并非泛泛而谈,需要将教学与学生生活实际相结合。

如在教授"认识时间"这一课时,如果仅仅让学生记住1时=60分,那么数学学习就只停留在概念层面上。但若是通过某些活动让学生感受1分钟有多长,60秒可以做哪些事等,就可以将时间与学生的生活联系起来,进而引导学生学会合理安排时间,养成良好的学习、生活习惯,这就是数学价值的体现。

培养数学核心素养在小学数学教学中尤为重要。爱因斯坦曾说过,"只教给人一种专门知识、技术是不够的"。人们在接受教育的过程中得到的价值提升与个人感悟更加重要。核心素养是与数学知识、解决问题的能力密切相关的,所以教师在教授数学知识的同时,要培养学生的核心素养,提升学生的应用能力。

第一章 引悟研究

小学数学课堂中"错误资源"的有效利用策略研究

当下数学课堂教学中,"以生为本"的理念在升学重压下难以得到有效实施。教师在教学中有效地引导、引领学生思考数学中的"错误资源",不仅能促使学生生成智慧与灵感,还可以培养学生的主体意识与创新能力。

想要积极有效地利用"错误资源",首先我们应当知晓什么是"错误资源"。学生在教师的指导下学习和认知事物,这是一个从无到有的过程,学生因为认知能力不足或者思维方式的不同,难免会产生"错误资源",而这个"错误资源"就是学生对知识认识过于片面和单一的结果。要想提高课堂效率,我们就应当把握学生在课堂中暴露出的"错误",并对其进行有效利用。

如在教学"有余数的除法"的过程中,大部分学生在计算48÷5时会出错。有的学生得出商是8,余数是8。针对这个较为典型的错误,我把它作为一个判断题让学生自主探究。先让学生判断,接着追问:"你是怎样发现错误的?"学生在富有启发性的问题引导下,积极主动地进行探索,很快找到了一种判断的方法:余数8比除数5大,说明计算结果是错误的。紧接着,我再带着学生分析,找出正确的商和余数。

错误的解题方法、学习方式、思考方式等,不论是以语言,还是以行为方式来表达,都是教学过程中生成的"错误资源"。教师应珍视学生的"错误资源",引导学生发现错误、感悟错误、改正错误,在发现和改正错误的过程中感悟道理,领悟方法,发展思维,提高数学反思能力。

一、正确面对学生的错误

课堂是允许学生发生错误的地方,也是相互沟通的地方。当学生犯了错误后,作为教师,我们不能批评学生,因为这样会削弱学生回答问题的积极性,甚至影响学生学习数学的自信心,对数学学习从心底产生抗拒。因此在学生犯错时,教师一定要积极引导学生寻找错误的原因,让学生说出自己的想法,最终改正错误。只有教师正确对待学生的错误,包容学生的错误,才会使学生不害怕犯错,才会使学生爱上学习。

对于错误,我们要有正确的认识。在传统数学教学中,学生的思维模式完全由教师掌控,教师在课堂上充当主角,学生充当听众。当学生的思路偏离正确方向,就要说出错误答案时,教师就会马上纠正。教师不应该把这种"错误"扼杀在摇篮里,而应该以此为契机,努力培养学生的数学思维。

二、宽容学生的错误

教师要宽容学生在数学学习中所犯的错误,要善于研究学生犯错时的心理。心理学研究表明,每个人都存在着巨大的潜力,只有相信自己具有这种潜力并且不断开发它,才可能成功。教师只有宽容学生的错误,认为每个学生都具有改正错误的能力,保护学生的自尊心,才能让学生对自己有信心,相信自己一定可以成功。学生在得到教师的宽容后,会在课堂上大胆说出自己的想法。

对于后进生来说,可能只是因为学习不好,就受到教师的差别对待。对于这些学生,当他们犯错后,如果教师采取批评的手段,可能会适得其反。正确的做法是,教师应该耐心地倾听他们犯错的原因,耐心地教育他们,宽容他们的错误。最后,教师可能得到意想不到的结果。所以说,宽容有时比惩罚更有力量。

三、培养学生发现错误的意识

在学生犯错误后,首先应该给予学生足够的时间去了解自己的错误所在,再引导学生改正错误,并将自己的错误与正确的解答进行比较,从而获得更深刻的理解。这样,当下次遇到同类问题时,学生就不会再犯同样的错误。

引导学生发现自身的错误是防患于未然的一种方法。对于不同的学生,教师要用不同的方式来启发。但是对于一些没有暴露出来的错误,教师要引导学生主动发现其中的问题,培养学生发现错误的能力,而不是在错误发生后才去引导。例如,在讲解"圆的周长的一半和半圆的周长是否相等"时,教师可以先将问题抛出,让学生进行讨论。当然在惯性思维模式下,大多数学生会觉得二者的周长是相等的,这时教师可以让学生自己动手计算,证明它们的长度并不相等。

"错误资源"的利用不仅能够增强教师的应变能力,而且能够培养学生的自主学习意识和积极主动思考的能力。对于学生的"奇思妙想",我们不应该只持有反对和不理解的态度,而应该经过细心考量后给予客观公正的答复。因为有时别出心裁是学生深度思考的表现。

综上所述,面对学生的错误,教师不要急切地去纠正学生的错误,而要引导学生大胆面对错误,结合教材重点针对学生的错误类型做出科学的评价并指导其改正,激发学生学习的兴趣。教师应把"错误资源"视为最宝贵的教学资源,积极面对教学中遇到的挑战,以此提高小学数学课堂教学质量。

第一章　引悟研究

引导学生自主生成数学知识的教学策略探究

在新课程改革背景下,我们高度关注小学生数学核心素养的培养。那么,在小学数学教学活动中,教师应该通过什么样的方法来引导学生体验感悟?数学学习需要与生活实际相结合,这样才能让学生在数学学习中感受乐趣,收获快乐。引导学生体验感悟,自主生成数学知识的教学策略,主张引导学生从生活情景、生活实践、生活问题等方面进行体验,促使学生在生活中自主学习数学知识,在实际运用中自主培养数学意识,在解决问题的过程中自主提升数学能力。

一、感悟生活情景,夯实基础知识

数学基础知识是小学数学学习的重要内容之一。小学生因为年龄尚小,普遍存在自控能力不强,学习主动性不够,理解能力较差等问题。针对这些问题,教师应该让学生处于熟悉的生活场景中,激发学习的兴趣,在充分理解的前提下夯实数学基础知识。

例如:在教授"十几减8、7"这部分内容时,教师可以设计一个"搬家"游戏,让学生感受数学基础知识在生活场景中的运用。

教学过程如下。选择15位学生(各自带着自己的椅子)参与游戏,其余学生作为观众来观看这场"搬家秀"。第一步:让8位学生将自己的椅子搬到教室的一个角落。第二步:学生列出相应的算式。第三步:学生分组汇报算法。学生可能会一个一个地减,理由是搬椅子的时候是一把一把搬的;也可能先算15－5＝10(把),再算10－3＝7(把),理由是"15－5"和"10－3"都非常好算,能够很快得出答案。第四步:教师根据学生的回答一一点评。

像这样,在教学过程中,让学生置身于现实的生活情景中来学习数学基础知识,学生就会表现得积极踊跃,甚至主动探索这些算式的多种算法。这个教学案例收到了非常好的教学效果,加深了学生对基础知识的运用,达到了让学生自主夯实基础知识,提高数学基本素养的目的。

二、感悟生活实践,形成数学意识

数学是一门十分贴近生活的学科,绝大部分的数学知识来源于人们的实际生活,利用数学知识可以有效地解决实际生活中出现的问题。因此,在教学中,教师要培养学生站在数学的角度去观察生活,以及利用数学知识解决实际生活问题的能力,让学生感受到"数学有用,要用数学"。

例如在教授"认识图形"这一课时,由于小学生的抽象思维还处在萌芽阶段,教师先通过课堂教学引导学生初步认识长方形、正方形、三角形以及圆形。再带领学生在教室中分别找出长方形、正方形、三角形、圆形的物品,让学生对这些图形有进一步的认识。紧接着,教师让学生在课后寻找身边的长方形、正方形、三角形以及圆形的物品并观察它们的用途,让学生知道这些和数学有关的图形是来源于生活的。通过两次寻找之后,学生对这四种形状的图形及其用途有较为清楚的认识。如果将这些图形单纯地呈现在学生面前,他们会觉得无趣。学生天性活泼,对这些单调的图形难以产生强烈而持久的兴趣,所以教师要引导学生在生活实践中寻找这些图形,让他们明白数学源于生活,又应用于生活,数学非常有用。随后,教师设置了"我是小小设计师"的创新课堂环节。按照教学内容,教师将全班学生分为A、B、C、D四组,并给每个组分发设计样纸,要求四个组利用不同的图形铺设地板,并设计出效果图。在前面学习的基础上,学生对此环节表现得非常积极,运用图形的排列、旋转、部分重叠等方法将地板设计得美观大方。

这是一次生活小实践,学生通过感悟生活实践,然后运用自身所学知识积极主动地对生活进行观察,在实践体验的过程中自主形成数学意识。

三、感悟生活问题,提升数学能力

数学学习的最终目的是解决生活中的实际问题。小学生在成长的过程中需要不断地提高解决生活问题的能力,并在解决生活问题的过程中提升数学能力。

例如在教授"认识元、角、分"这一课,教师可以在学生对元、角、分的基础知识有了初步了解之后布置相关实践作业,让学生将所学知识运用于生活实际问题中。比如:布置以"今天我买菜"为主题的数学日记,然后让学生记录下自己独自买菜的全过程。日记内容要着重说清楚"给了老板多少元,买东西用去了多少元,最后找回多少元"这些问题,让学生感受到运用数学知识解决生活问题的快乐,并提升数学能力。因此,教师一定要引导学生感悟生活实际问题,促进学生在学以致用的过程中自主提升数学能力。

新课程改革要求小学数学课程应该与生活实际相结合,教师应该引导学生对生活中的数学进行积极的感悟,将生活中熟知的、感兴趣的事例与教学融合起来,让学生在日常生活中感悟数学知识、数学奥秘、数学魅力,从而提升自主发现问题的能力、解决问题的能力、创造能力等。

《乡下人家》教学设计

【教材分析】

《乡下人家》是部编版语文四年级下册教材中的一篇精读课文。课文通过描绘一个个自然、和谐的场景,展现了乡下人家朴实、自然、和谐、充满诗意的乡村生活,也赞扬了乡下人家热爱生活,善于用自己勤劳的双手装点自己的家园、装点自己生活的美好品质。

【教学目标】

(1)认识"檐""饰"等5个生字,能正确读写"装饰""率领"等词语。

(2)了解课文的写作顺序,学习作者通过描写和乡下人家最密切相关的景、物来抒发情感的表达方法。会运用抓中心句的方法归纳课文主要内容。

(3)通过朗读课文,感受乡下人家的诗情画意,激发对农村生活的兴趣和热爱。

【教学重点和难点】

重点:运用"抓中心句的方法"归纳课文主要内容。

难点:了解课文的写作顺序,体会从平凡的事物、普通的场景展现出来的乡村生活的美,学习作者的表达方法。

阳光引悟教育学园

【教学课时】

第一课时(总计两课时)。

【教学过程】

1. 置境引入

教师:同学们,你们印象中的乡下是什么样子的?大家谈一谈。

学生畅谈自己的感受。

课件播放乡村风景的视频。

教师:老师带来了一些乡下美景,我们一起去感受那清新、淡雅的田园风光。

教师:作者陈醉云一直生活在城市之中,他对乡下生活非常向往,他笔下的乡下人家又是一番怎样的景象?今天,我们一起走进乡下人家。

设计意图:通过欣赏优美的乡村音乐、美丽的乡村风景,学生自然而然地陶醉在乡村独特的景色中,从而激发阅读课文的兴趣,为下面的学习奠定了基础。

2. 自读自悟

(1)字词学习。

课件出示词语:屋檐、装饰、觅食、和谐、高耸、捣衣、归巢、率领、鸡冠花、冠军、频率。

教师:这些词语你们会读吗?谁来试试?

学生朗读词语。

教师(指着"鸡冠花"中的"冠"字):这个字表示什么意思的时候

读一声,你能用它组个词吗?表示什么意思的时候读四声,可以怎样组词?

教师(指着"率领"中的"率"字):这个字怎么读?

教师:所以,当我们以后遇到多音字的时候,不仅要知道它怎么读,还要知道它为什么要这样读。

设计意图:掌握字词的含义是理解文本的基础。学习多音字,不仅要知其然,还要知其所以然。

(2)课文理解。

教师:请同学们默读课文,思考"课文主要写了什么?你是用什么方法概括课文主要内容的?"

学生:段意串联法。

教师:你能抓住每段的中心句吗?

学生尝试找出每个自然段的中心句。

教师:有没有别的方法?

学生:我是用抓中心句的方法来概括课文主要内容的。比如,课文第七自然段的中心句是"乡下人家不论什么时候,不论什么季节,都有一道独特、迷人的风景。"

教师:你能准确地找到中心句,真的很棒。(板书:独特 迷人)其他同学也是用这个方法吗?记叙文常用一句话来表明文意,这个句子就是文章的中心句,它通常出现在文章的开头或结尾。找出了中心句,就知道了这段话的主要内容。(板书:中心句)

教师:概括这篇课文的主要内容,段意串联法和抓中心句法哪个简便?

学生:抓中心句法,一眼就可以看出。

教师:概括这篇课文的主要内容采用抓中心句的方法较简便,以后如果遇到这种体裁的文章,也可以用这种方法来概括文章的主要内容。

设计意图:理解文意、概括文意的能力是语文学习需要重点培养的能力之一。概括课文主要内容的方法有很多,采用抓中心句的方法来概括本文的主要内容,符合文章的结构特点,有利于学生快速从整体把握文章的中心思想。

3. 引读·感悟

(1)整体感知。

教师:请同学们默读课文1—6自然段,思考问题"乡下人家的哪些景物独特又迷人"。默读时画出相关的语句,圈出重点词,边读边想象,最后写出自己的体会。

设计意图:学生通过默读,可以体会乡下人家独特、迷人的景物,从整体上把握课文的主要内容;边读边想象,既可以促进深度阅读,又可以锻炼思维;写体会有利于培养运用语言的能力。

(2)重点语句理解。

课件出示语句1:"青、红的瓜,碧绿的藤和叶,构成了一道别有风趣的装饰,比那高楼门前蹲着一对石狮子或是竖着两根大旗杆,可爱多了。"

教师:"别有风趣的装饰"指的是什么?这里"青、红的瓜"是和什

第一章 引悟研究

么进行对比？青、红的瓜，碧绿的藤和叶，真的比高楼门前的旗杆和石狮子可爱多了吗？结合你的生活实际谈一谈。

教师：你能读出这幅画的可爱吗？

教师：为什么在作者的眼中，青、红的瓜，碧绿的藤和叶比石狮子和旗杆可爱？

教师：对于长期生活在城市中的作者来说，青、红的瓜，碧绿的藤和叶比石狮子和旗杆略胜一筹。通过对比，我们强烈地感受到瓜和藤的可爱。你能把作者这种高兴、愉悦的心情和你的心情一起读出来吗？来，自己先试试。

教师：此情此景，我们怎能不发出这样的感慨——瓜藤攀檐，是一道独特、迷人的风景。

教师：乡下人家还有哪些独特、迷人的景物？

设计意图：让学生在比较中体会乡村与城市生活的不同，在读中享受乡村的美景。

课件出示语句2："有些人家，还在门前的场地上种几株花，芍药，凤仙，鸡冠花，大丽菊，它们依着时令，顺序开放，朴素中带着几分华丽，显出一派独特的农家风光。"

教师：从这句话中你们体会到了什么？你们知道什么叫"依着时令，顺序开放"吗？你们想不想看看这五彩缤纷、姹紫嫣红的花？那让我们一起来看看图片下的文字，通过文字，我们就会明白这些花是依着时令、顺序开放的。

教师：春天来了——芍药欣然怒放；夏天到了——凤仙花、鸡冠花绽开绯红的笑脸;秋天到了——大丽菊依然绽放。

教师:一种花在这个时节凋谢,另一种花在这个时节含苞欲放,它们就是这样依着时令,顺序开放,把乡下装点得姹紫嫣红。

教师:这些花轮番开放,每个季节都有美丽的花,真美呀!可作者却说乡下人家门前的花"朴素中带着几分华丽"。这句话矛盾吗?是不是写错了呢?请联系生活实际,说说你对这句话的理解。

教师:同学们再看看插图,门前的花有红的,有橙的,看到这样姹紫嫣红的花,你们有什么感受?

教师:作者就是用了这么一对看似矛盾的词让我们感受到乡下人家门前独特的农家风光。你能读出花的独特的美吗?

教师:美丽的鲜花吸引着我们,也让作者流连忘返。你能读出作者的喜悦心情吗?

教师:这些鲜花轮番绽放,只有在乡下人家才能见到,难怪作者会说这是一道独特、迷人的风景。

设计意图:通过读句子、图文结合、理解重点词语,让学生反复品味、感受乡村生活的美好。

课件出示语句3:"几场春雨过后,到那里走走,你常常会看见许多鲜嫩的笋,成群地从土里探出头来。"

教师:为什么描写竹笋不用"长出来"而用"探出头来"?

教师:作者用一个"探"字,让我们感受到了笋芽儿在润物细无声的春雨中破土而出的可爱、淘气的景象。你能读一读吗?

课件出示语句4:"瓜藤攀檐,是一道独特、迷人的风景;鲜花轮绽,是一道独特、迷人的风景;雨后春笋,是一道独特、迷人的风景。"

教师:你能仿造这种句式说一说文中描写的其他美景吗?

设计意图:让学生重点抓住一个"探"字进行品味,体会竹笋蕴含的奇妙和生机。在这个环节的教学中,多媒体课件丰富的色彩和柔美的音乐感染了学生,使他们进入了如痴如醉的境界,受到美的熏陶。

(3)学习3—6自然段。

教师:乡下人家还有许多独特、迷人的风景,老师把它们浓缩成了一幅幅美丽的风景画。请大家对照图片,快速浏览3—6自然段,看看还有哪些景物也是独特、迷人的。

教师:你能联系自己的生活经验来说说乡下人家还有哪些独特、迷人的景色吗?

教师:乡下人家像一幅优美的画卷,更像一首清丽的小诗。长藤绿叶瓜架,春雨竹笋鲜花,鸡群悠闲觅食,小桥流水戏鸭,夕阳鸟儿如画,虫鸣伴人入眠。

教师:真是让人看也看不够,说也说不完啊!让我们和作者一起发出这样的赞美,"乡下人家,不论什么时候,不论什么季节,都有一道独特、迷人的风景。"

设计意图:引导学生通过图文对照的方式品读课文,感受人与景、人与物、人与自然的和谐。

(4)写法学习。

教师:作者写了屋前瓜藤、门前鲜花、屋后竹笋,是按什么顺序写的？作者还写了春夏秋不同的景色，又是按什么顺序？

学生：空间顺序、时间顺序交叉。

教师：这种空间顺序、时间顺序交叉的写法值得我们学习。

4. 总结延伸

教师：通过今天这节课的学习，我们感受了一幅幅美丽的画卷，学会了抓中心句概括文章主要内容的方法，以及空间顺序、时间顺序交叉的写法。"生活并不缺少美，而是缺少发现美的眼睛。"你们都有一双发现美的眼睛，希望你们能用这双慧眼去发现生活中更多的美！也希望乡下人家那样自然、和谐的生活永远成为我们心中一道独特、迷人的风景。

【教学反思】

《乡下人家》是一篇优美的写景散文。为了让学生感受乡下人家自然、和谐、优美、宁静的风光，设计了置境引入—自读自悟—引读感悟—总结延伸的教学环节，注重引导学生抓住主要线索，结合关键词句仔细品读并展开想象，感受文字所描绘的美。

1. 抓住一条主线，使教学结构清晰、合理

在教学中，我始终围绕一条主线"乡下人家，不论什么时候，不论什么季节，都有一道独特、迷人的风景"进行教学，以一个问题"乡下人家哪些景物独特、迷人"串联教学过程，让学生先自读课文，画出相关的语句，圈出重点词，边读边想象，写出自己的体会，再交流感受，这样就使整个教学结构清晰、合理，教学过程流畅。

第一章　引悟研究

2. 注重在引读中自悟、感悟

为了让学生更好地感受乡村生活的诗情画意,我加强了对学生朗读的指导,安排了多层次的朗读。首先让学生默读,读出自己的感悟并写出自己的体会;接着请个别学生读一读,并谈谈自己的体会;然后教师引读,指导学生理解关键词句的含义;最后让学生边读边想象画面,表达自己的体会。教学时采用引读·感悟的方式,把读贯穿于教学的始终,加深学生对乡下人家朴实、自然和谐、充满诗意的乡村生活的理解,使学生与作者产生情感共鸣。

3. 适时利用多媒体辅助教学

置境引入环节中,通过课件展示一系列乡村生活图片,让学生直观地感受乡村气息;在引读·感悟"青、红的瓜,碧绿的藤和叶,构成了一道别有风趣的装饰,比那高楼门前蹲着一对石狮子或是竖着两根大旗杆,可爱多了"时,通过课件出示瓜藤攀檐图与石狮子、旗杆图,让学生进行对比,感悟瓜藤的可爱;在引导学生理解鲜花"依着时令,顺序开放"时,通过课件出示四种按照季节顺序开放的花的图片,让学生体会"依着时令,顺序开放"的含义;在引导学生感悟乡下人家还有哪些景物独特迷人时,通过课件出示了一幅幅优美的图画,让学生对照图片感知课文,概括课文大意,其间适当插播音乐。这一系列的多媒体辅助教学手段,可以更好地帮助学生理解文本,感受乡下人家独特迷人的风景。

阳光引悟教育学园

《大自然的声音》教学设计

【教材分析】

《大自然的声音》是部编版语文三年级上册第七单元中的一篇精读课文。本单元在导读页中用一个问句"大自然赐给我们许多珍贵的礼物,你发现了吗?"揭示了本单元的人文主题"大自然的礼物",然后从读、写两个方面提示了本单元的语文要素:一是感受课文生动的语言,积累喜欢的语句;二是留心生活,把自己的想法记录下来。

《大自然的声音》以独特的视角、丰富的联想、富有韵味的语言,将大自然中的一些事物比作音乐家,比作歌手,把它们发出的声音描绘成各种美妙生动的乐曲,体现了大自然的美好。

课文开头"大自然有许多美妙的声音"独立成段,总领全文。第二、三、四自然段分别从风、水和动物三个方面描写了大自然声音的丰富美妙。感受生动的语言是这个单元的教学要点,也是这一课教学的重点。

【学情分析】

三年级的学生有一定的阅读基础,已经可以正确流利地朗读课文,但对于文中的长句子,要读出感情还有待进一步引导和点拨。

在前面五个单元的学习中,学生已经初步培养了留心观察周围的事物的兴趣,积累了一些描写美好事物的词句。

【教学目标】

(1)能够有感情地朗读课文,体会大自然声音的美妙。

(2)能通过朗读、联系生活实际,体会课文中描写声音的词句的生动之处。

【教学课时】

第二课时(总计两课时)。

【教学过程】

1. 置境引入

教师播放展现大自然美丽景观的视频。

教师:同学们,大自然风景如画,大自然悦耳动听!今天,就让我们走进大自然,透过语言文字去感受来自大自然的美妙声音!

教师板书课题,学生齐读课题。

设计意图:夸美纽斯在《大教学论》中写道:"一切知识都是从感官开始的。"通过播放展现大自然美丽景观的视频,用具体的声音、物象引发学生的学习兴趣,拉近学生与文本的距离,让学生仿佛置身于大自然之中去体会大自然的美妙,进而产生向往大自然的美好情愫。

2. 引读·感悟

1)初读课文,感知美妙。

教师:请同学们翻开课本,大声自由朗读课文,感受大自然声音的美妙。(板书:美妙)

教师:读得真流利!要听那美妙的声音,得带上你们这群小伙伴。

教师出示如下所示的两组词语,一组是拟声词,另一组是课后练习中描写声音的词语,部分词语标了拼音,请学生分组读,分男女生读。

| cóng | chán | |
| 淙淙 | 潺潺 | 哗哗 |

轻轻柔柔的呢喃细语
雄伟的乐曲
充满力量的声音
热闹的音乐会

滴滴答答　叮叮咚咚　叽叽喳喳

轻快的山中小曲
波澜壮阔的海洋大合唱

设计意图:先让学生自由读课文,自主感受大自然声音的美妙,以提高学生的自主学习、自主阅读能力;接着,引读文中描写声音的词语、词组,既引导学生学会归类学习,又使学生感知声音的美妙,为课文学习作铺垫。

2)精读课文,感受美妙。

(1)体会风声的美妙。

教师:那么风的声音美妙在哪里呢?请同学们自由读一读第二自然段,边读边画出描写风声美妙的句子。(板书:风)

教师:谁想读第一句?

教师:请同学们想一想,风在哪里演奏手风琴?

教师:你们看,作者把风比喻成了一位音乐家,他正在森林里演奏着手风琴!(播放风吹动树叶的视频)在森林里,风是怎么演奏的?谁知道?

课件出示句子1:"当他翻动树叶,树叶便像歌手一样,唱出各种

第一章 引悟研究

不同的歌曲。"

教师：你们能演一演树叶翻动的样子吗？来，拿出你们的双手，我来读，你们来演。

学生用双手表演树叶翻动的样子。

教师：哦，他是这样演奏出不同的歌曲的！让我们一起再读一读这个句子。

学生朗读句子。

教师：太棒了，你们似乎把树叶翻动的样子都读出来了。（板书：朗读）朗读可以让我们更好地体会生动的语言，想象美丽的画面。风还演奏了怎样的乐曲呢？

课件出示句子2："不一样的树叶，有不一样的声音；不一样的季节，有不一样的音乐。"

教师：请同桌两两一组好好读一读这句，说说你们发现了什么。

教师：你们发现了什么？

学生：不同的树叶，发出的声音不同。

教师：你能给大家举个生活中的例子吗？

学生：树叶会发出"沙沙"的声音。

教师：同学们，看老师来举例。柳树叶发出"沙沙"的声音，梧桐树叶发出"唰唰"的声音。所以说，不一样的树叶，有不一样的声音。（课件展示不同的树叶被风吹动的视频）

教师：你们还发现了什么？

学生：不一样的季节，大自然的声音不一样。

教师：春天来了，万物复苏，风柔柔的，女生齐读"不一样的树叶，有不一样的声音"。夏天来了，台风袭来，呼呼呼，男生齐读"不一样的季节，有不一样的音乐"。秋天来了，树叶飘落，唰唰唰。冬天来了，北风呼啸，呼呼呼，全班齐读"不一样的树叶，有不一样的声音；不一样的季节，有不一样的音乐"。（课件展示四幅动图）

教师：这里有四个"不一样"，风这位音乐家可真了不起，用不同的乐谱奏出不同的乐曲。全班再次齐读"不一样的树叶，有不一样的声音；不一样的季节，有不一样的音乐。"

教师：除此以外，风这位大自然的音乐家还演奏出了怎样美妙的乐曲呢？

课件出示句子3："当微风拂过，那声音轻轻柔柔的，好像呢喃细语，让人感受到大自然的温柔；当狂风吹起，整座森林都激动起来，合奏出一首雄伟的乐曲，那声音充满力量，令人感受到大自然的威力。"

教师：同学们，联系生活经验，你们在哪里或者什么时候听到过这样的风声，这样的风声带给你们什么样的感觉？

学生（温柔地说）：清晨的花园里，上学的路上。

教师：是啊，这声音轻轻柔柔的，就像两个小朋友在小声说话一样，谁能带着这种感受读一读微风部分？

学生朗读。

教师：他演奏的乐曲可真轻柔呀。

教师：还有谁愿意来演奏？老师给你配上微风的视频。

教师：多么美妙的声音呀！让我们仿佛感觉到微风拂过。还有哪些同学愿意来读一读？愿意的同学一起坐着读。

教师：同学们，微风给我们的感觉竟是如此温柔，那么狂风又是怎样的呢？生活中，什么时候会有狂风？

课件播放台风刮起的视频。

教师：你瞧，狂风吹起来了，全班请起立，现在全班同学假扮小树，当狂风吹起，小树激动起来是什么样子？大家做一做动作。

教师：哇，要下暴雨啦，风声越来越大，森林的小树们都高兴起来了，兴奋起来了，激动起来了，这是一首多么有力量的乐曲啊！谁能带着这种感受读读狂风部分？

教师：狂风吹得更猛了，第一组同学读。

教师：整座森林都激动起来了，全班同学一起读。

教师：多么有力量的声音啊，这真是一首雄伟而激荡人心的乐曲。

教师：大自然里的风，有时是轻轻柔柔的，有时是雄伟而充满力量的，让我们一起来把这一句完整地读一读，女生读微风部分，男生读狂风部分。准备好了吗？

男女生合作读。

教师：风真是一位可与贝多芬媲美的音乐家呀！既会演奏舒缓的小夜曲，又能与森林合奏出雄浑的交响曲。

设计意图："体会风声的美妙"环节是本课教学的第一个重点，也是指导学生掌握理解句子的方法的范例。情境渲染、以读促思、读中悟情是本课教学的重要手段。教学时，运用语言引导、视频渲染、动画感染、引读·感悟等方法引导学生体会风声的美妙,并让学生运用朗读、联系生活经验的方法理解句子。

(2)体会水声的美妙。

教师:同学们,我们刚才通过朗读、联系生活经验感受了大自然的风声的美妙。(板书:联系生活经验)那么水这位音乐家又演奏出什么样的美妙声音呢?现在请你用上朗读、联系生活经验等理解句子的方法,自主学习第三段,好好体会一下。

课件出示自主学习要求:用朗读和联系生活经验的方法自主学习第三段,体会水声的美妙。先读一读你喜欢的句子,然后说一说你想象到的画面和体会。

学生自主学习。

课件出示句子4:"小雨滴敲敲打打,一场热闹的音乐会便开始了。滴滴答答……叮叮咚咚……所有的树林,树林里的每片树叶;所有的房子,房子的屋顶和窗户,都发出不同的声音。"

教师:请大家读一读。

学生朗读。

教师:说一说你想象到的画面和体会。

学生表达体会。

教师:让我们合作读一读这些语句,把这场热闹的音乐会通过朗读表现出来,你们读前面的拟声词,我来读其他内容。

课件出示句子5:"小溪淙淙,流向河流;河流潺潺,流向大海,大海哗啦啦,汹涌澎湃。从一首轻快的山中小曲,唱到波澜壮阔的海洋大合唱。"

　　教师:谁想来分享自己的体会?

　　学生分享朗读体会。

　　课件出示水流动的视频。

　　教师:是啊,你看水流越来越大,水声越来越响,从轻快的山中小曲,变成海洋大合唱,曲调越来越高,声音越来越丰富,怪不得说"水,也是大自然的音乐家"。让我们合作读一读这一句。

　　设计意图:运用情境渲染、引读·感悟的教学方法,充分调动学生的感官,激发学生的情绪体验;让学生巩固前面习得的理解词句的方法,既锻炼了理解感悟能力,又训练了语言表达能力。

　　(3)体会动物声音的美妙。

　　教师:听到了风之曲、水之歌,动物们也不甘示弱,想到音乐会上一展歌喉。

　　课件出示根据课文第四段改编的小诗,学生扮演各种动物,模仿动物的叫声。

　　教师:似乎有许多小动物在歌唱,真是太快乐了!让我们用轻快的语调读一读这首小诗吧。

　　课件出示插图,播放音乐。

　　设计意图:通过角色扮演,让学生与文本对话;通过配图、配乐、配诗,启发学生的想象,拓展学生的思维;将文本与生活联系起来,让学生仿佛置身于大自然中,从而激发学生的学习兴趣;最后通过引读升华情感,激起学生的情感共鸣。

3. 小结

教师:同学们,今天我们运用朗读、联系生活经验等方法,体会了风声、水声、动物声,感受到了大自然声音的美妙。其实,只要你们用心体验大自然中的一切,将会发现许多乐趣,让我们一起去发现吧。

【板书设计】

21 大自然的声音

美妙 { 风 水 动物 } 朗读　联系生活经验

设计意图:板书设计简洁明了,重点突出,有助于学生整体把握文本,习得阅读方法。

【教学反思】

本节阅读教学课,通过情境引悟法、引读·感悟法、联想体会法等教学方法,引导学生有感情地朗读课文,体会大自然声音的美妙;通过朗读、联系生活经验,引导学生体会课文中描写声音的词句,达成了教学目标。在本节课的学习过程中,学生能沉浸在文本中,沉浸在对大自然美妙的声音的想象中,真正进入了学习、发生了学习、享受了学习。

第一章 引悟研究

"体积与容积"教学设计

【教材分析】

体积与容积的学习是在学生认识了长方体和正方体的特点,以及学习了长方体和正方体的表面积的计算方法的基础上进行的。这部分内容是进一步学习长方体和正方体的体积计算方法等知识的基础,也是发展学生空间观念的重要载体。

教材先让学生通过"说一说"的活动,交流物体的大小和容器盛放东西的多少,感受"物体有大有小,容器放的物体有多有少"。

然后,教材采用直观实验的方法,引导学生解决"土豆和红薯哪一个大"的问题。用两个相同的量杯倒入一样多的水,再放入土豆和红薯,让学生观察水面的变化情况。通过观察,发现两个物体放入水中后水面上升了,说明它们都占了一定的空间;还能发现水面上升的高度不一样,说明两个物体所占空间的大小不一样。在学生有了比较充分的感性体验的基础上,再揭示体积的概念。

接着,教材又提出"哪个杯子装的水多"的问题,引导学生在实验中找出答案。在解决问题的过程中,引导学生感受容器容纳物体的体积的大小,再揭示容器的概念。

阳光引悟教育学园

【教学目标】

(1)知识与技能：通过具体的实验活动,理解体积和容积的概念,了解体积和容积的实际含义。

(2)过程与方法：在操作、交流中,感受物体体积的大小,知道体积的大小与形状变化无关,发展空间观念。

(3)情感态度与价值观：在观察、操作、猜测、交流、反思等活动中获得积极的情感体验,逐步获取数学知识,感受数学学习的乐趣。

【教学重点】

了解体积和容积的含义。

【教学难点】

通过具体的实验活动,理解体积和容积的概念。

【教学过程】

1. 引入魔术

教师：同学们,你们喜欢魔术吗？

学生：喜欢！

教师：今天老师给你们露一手。老师这儿有形状、大小、颜色、构造完全相同的两个杯子。一个杯子里装满了水,另一个杯子里没有水。现在我把这杯水倒入另一个杯子中,请观察,你看到了什么？

学生：水溢出来了。

教师：为什么完全相同的两个杯子,装的水却不一样呢？谁来猜猜这是怎么回事。

学生：可能里面放了东西,占了空间。

教师:很棒,是的,杯子里面放了一个砝码,砝码占了空间。我很喜欢这位同学的回答,"空间"这个词用得非常好。(板书:空间)

2. 探究新知

1)体积。

(1)感知"空间"。

教师:联系生活,说说哪些物体占了空间,我们来比画一下。

(2)观察、感受物体所占的空间有大有小。

教师:我们都知道物体有大有小,那么它们占的空间也有大有小吗?

学生:物体有大有小,物体所占的空间也有大有小。(板书:大小)

教师:请你观察一下教室里的物体,选择2个进行比较,说说哪个占的空间大。

学生:老师占的空间大,我占的空间小;桌子占的空间大,书本占的空间小。

(3)实验操作,验证空间有大有小。

教师:猜猜老师手上的红薯、土豆哪个占的空间大?想想用什么方法来验证。

小组内动手实验,比较两个物体哪个占的空间大,哪个占的空间小。

教师用两个相同的量杯倒入一样多的水,再把土豆和红薯分别放入两个杯子中。

教师:原来两个量杯里的水是一样高的,为什么现在会一高一矮呢？这说明了什么？

学生：说明有一个物体所占的空间大，另一个物体所占的空间小。

(4)小结。

教师：我们用实验再一次验证了物体所占的空间有大有小。在数学上，我们把物体所占空间的大小叫作物体的体积。(板书"体积"后学生齐读)

教师：我们教室里的物体占有空间，它们都有体积。那么，刚刚做实验用的水、我们每天呼吸的空气有体积吗？你能举例子说明吗？

学生：杯子里的水有体积。

学生：气球里面的空气有体积。

(5)摆一摆，体验体积大小。

①用小正方体搭两个物体，其中一个物体的体积比较大，另一个物体的体积比较小。

②用小正方体搭两个形状不同的物体，使它们的体积相等。

2)容积。

(1)感知"容器"。

我们已经认识了一个新朋友——体积。在认识第二个新朋友之前，请同学们回忆一下，老师刚刚是怎么把这些实验材料带到教室来的？

学生：用盆子装过来的。

教师：像这种能装东西的物品，我们叫它容器。(板书：容器)

(2)观察容器的大小。

教师出示两个容器,一个又高又瘦,一个又矮又胖。

教师:这两个容器哪个装的水多?

学生猜想。

(3)实验验证容器的大小。

教师:你们有什么好方法来验证你们的想法吗?

学生:用一个杯子装满水,倒到另一个杯子里面。

教师(操作后问):观察这个现象后,你发现了什么?

学生:两个杯子装的水是一样多的。

教师:对的,这两个杯子装的水是一样多的,也就是说这两个杯子所容纳的水的体积是一样的。(板书:容纳)

教师:在数学上,容器所能容纳的物体的体积,就叫作容器的容积。(板书"容积"后学生齐读)

(4)联系生活,体验容积的大小。

教师:小明和小红各有一瓶同样多的饮料,小明倒了3杯,而小红倒了2杯,你认为可能吗?为什么?

3)感受容积和体积的区别与联系。

教师:通过上面的学习,我们认识了两个新朋友——体积和容积。这就是我们这节课要探究的数学概念。(板书课题)

(1)实物感知:物体有体积不一定有容积。

教师:所有的物体都有一定的体积,我们是否可以说所有的物体都具有一定的容积呢?你能举例说明吗?

学生:容器才有容积,如果是实心的木块,是不会有容积的。

(2)实物感知:同一物体的体积大于容积。

课件出示一个箱子。

教师:观察这个箱子,说一说同一个物体的体积和容积有什么关系。

学生:同一个物体的体积大于容积。

3. 巩固应用

学生完成以下练习。

(1)小明有一团橡皮泥,他第一次把它捏成长方体,第二次把它捏成球,捏成的长方体和球哪个体积大?

A.长方体的体积大

B.球的体积大

C.一样大

(2)用数量相等的硬币分别垒成下面的形状,哪个体积大?为什么?

1元硬币　　　　　　1元硬币　　　　　　1角硬币

(3)谁搭的长方体体积大?

(4)数一数,想一想,再与同伴说一说,图中的长方体盒子能装多少个这样的小正方体?

第一章 引悟研究

A. 8 个

B. 24 个

C. 36 个

D. 48 个

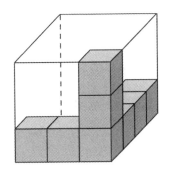

4. 课堂总结

教师：这节课你有什么收获？

学生：这节课我们通过观察、实验、比较的方法，理解了体积与容积两个数学概念。了解到当物体的体积差距较大时，通过观察能直观地比较出来；体积差距较小时，可以用计算、数数的方法，或者借助水来比较。体积的大小与重量、形状无关，与所占空间的大小有关。

【教学反思】

这节课充分体现了数学教学要为学生提供动手操作的机会,让学生在玩中学、学中玩,把"不动的"数学,变成了"活动的"数学的教学理念。

体积与容积的教学知识点较为单一,却比较抽象。为了让学生更好地理解体积与容积的含义、区别及其联系,我主要通过实验操作活动来开展教学。教学过程由几个精心设计的实验活动组成,紧紧围绕着"土豆和红薯哪个占的空间大"等问题来组织和开展实验操作活动,帮助学生理解体积与容积的含义。

学生对概念的理解是在学习过程中不断丰富与完善,最后充分认识与理解的。学生最初对物体大小的比较并不准确,有的比较物体的表面积,有的比较物体的占地面积,有的比较物体的重量,这些都是正常的,说明体积与容积的概念并没有纳入学生的概念体系当中。只有理解了体积与容积的真正意义,学生才能正确理解和掌握这些数学概念。所以,在教学中,不但要帮助学生正确建立这些概念,还要帮助学生正确区分这些概念,从而建立起概念网络体系。

第一章 引悟研究

一节汇报课的心路历程

一、化压力为动力，迎难而上

当得知自己被安排上开题汇报课时，心情很复杂。一方面我深知此次汇报课的重要性，担心自己不能胜任此次任务，倍感压力；另一方面，我也明白这是一次锻炼自己、展现自己的大好机会，我要抓住这次机会。因此，我要感谢学校给予我这次锻炼的机会，我一定会全力以赴，展现自己最好的状态。

一堂好的汇报课，课题的选择是关键，它决定了课堂所呈现的内容与方式。开题汇报课要求对"信息技术支持下的阳光引悟教育教学研究"这一课题研究进行展示汇报。汇报课还要创新教育教学方式，运用电子双板和平板电脑"两板结合"的形式，来展现信息技术支持下的课堂教学模式。我深知，上好这堂课有一定难度。刚开始，我想选择《可贵的沉默》这一课。仔细想来，我的水平有限，很难在课堂上体现信息化。于是我询问了华中师范大学附属小学张敏老师的意见。她结合我们的课题研究，建议我选择科普说明文《太阳》这一课。理由是可以运用多媒体设备，通过动画展示帮助学生更好地理解课文内容。

张敏老师的建议让我豁然开朗,于是我争分夺秒、精心备课。首先熟读教材,研究教学目标,然后查找资料,观看优质教学视频,仔细琢磨教案,最终确定自己的第一稿教学设计。经过语文学科组的讨论修改后,我又完成了第二稿教学设计。

二、集合各方力量,反复磨课

好课需要反复磨炼。《太阳》这一课,我试讲了三次。每一次我都能从教学中找到自身的不足。在一次次的试课、磨课、反复修改教案中,我收获颇多!

1. 磨课让我学会了深思熟虑

正如一篇好文章需要反复修改一样,一节好课是需要不断打磨的。每一次磨砺的过程,我都会有新的发现、新的进步。比如在进行教学设计时,教师不仅要认真分析学情特点,找准文章的重难点,制订合理有效的教学目标,选择恰当的教学方法,还要合理分配师生活动时间,把握课件和板书的呈现时机,教给学生写作的方法,指导学生有感情地朗读课文,保证课堂练习时间,等等。因此,教师在课前要做充足的准备工作,考虑要周到全面,这样才能在课堂上真正做到得心应手、游刃有余。

2. 磨课让我学会了精益求精

"玉不琢,不成器",这个道理同样适用于教学。一开始,由于学生的平板不够稳定,教学效果并不理想。评课后,我做出了改进,教学效果有所改善,但仍然不够理想。主要原因是没有找到优质的教学辅助视频,没有对课程内容进行适当的拓展延伸。

教师的教学语言也很重要。我抱着精益求精的态度,锤炼教学语言,注意不讲无意义的口头语。简洁明了的语言带给学生愉悦轻松的学习氛围,逐步提升了教学效果。

3. 磨课让我学会了团结合作

所谓"当局者迷,旁观者清"。磨课阶段,大家齐心协力、毫无保留地表达自己的意见和建议,我汲取到了许多宝贵的经验。经过反复实践,教学思路越来越清晰,课堂越来越生动。这是集体智慧的结晶。

磨课的过程中,我深刻地感受到,要想成功就必须付出巨大的努力;要想上好一堂课,必须反复斟酌、研究、改进;要想有所成长,也必须给自己压力,化压力为动力,在锻炼中总结经验。

三、一心上好课,全力以赴

课前,我一直告诉自己放平心态,别紧张,只要学生能在课堂中有所收获,我所做的一切就是有效的。

课堂中也出现了一个突发情况——正上着课,课件突然失灵,无法翻页。当时的我也有点慌乱,但是经验告诉我:课还是要继续上的,课件只是教学辅助工具,教科书才是最重要的学习媒介,要以学生为主体。电子双板和平板电脑都是教学的辅助工具,不能代替教科书和教师。于是,我又重新拾起了教学的信心。

整节课上完,我知道自己有许多不足之处,课堂效果并不理想,没有很好地达到预期的教学目标,信息技术支持下的课堂教学模式的优势也未显现,但我觉得在面对突发情况时,我沉着冷静、不慌不忙,坚持上课,这也是一种成功。

如何教学才能吸引学生?如何恰当地使用平板电脑等工具?如何应对课堂突发情况?这些都需要我去学习、思考、研究、践行。

第一章 引悟研究

走在六年级的路上

时光如梭,我和班上这群学生一起走过了四年,二年级接班时的场景还历历在目,转眼间就六年级了。走在六年级的路上,我深感肩上的担子更重了,责任也更大了,一刻都不敢懈怠。我期望所有学生通过努力,能学有所成。

一、虚心求教摸门路

我努力做好带毕业班的准备。没教六年级时,我就关注六年级学生的学习情况和特点,不断提高自身的业务水平。在教学的过程中,我也时常向有经验的老师学习,分析六年级学习的重点和难点知识,虚心讨教备考经验及技巧,带领学生从基础知识练起,打好基础。

我秉持着认真的态度对待六年级的教学任务,备好每一节课,认真批改学生的课后作业;积极引导学生思考,调动学生学习的积极性,落实每日教学目标。即便如此,第一次语文检测效果并不理想。于是,我潜心钻研考查知识点、考题类型,在教学中改进教学方法,在教学内容上着重加强学生的成语积累,帮助学生理解并掌握成语的含义。经过一段时间的努力,学生基础知识的掌握情况有所进步。

二、用心教学指明路

在语文知识与技能教学中,我用心研究每一类知识点,用心教学,指导学生运用正确的方法进行学习。在字词教学中,我指导学生提前预习课文,学会通过查字典等方法自行掌握生字词。在课堂上,我多强调难写易错字词,平时指导学生多朗读,多积累等。在句子教学中,我耐心指导学生了解各类句型的特点,加强训练,练出语感,熟练掌握方法。在背诵默写教学中,要求学生注重诵读,先读后记再默写,注意易错字。在阅读教学中,注重引导学生在读的过程中体悟文本。在习作教学中,要求学生注重写作语言训练,在反复修改中提高语言表达的准确性和生动性……总之,我仔细研究每一类知识,指导学生掌握正确的方法,从而提升语文学习能力。

三、耐心辅导铺好路

身为教师的我,尽力做到关爱每一位学生,尤其是这学期新加入的7位学生,我格外关注。从见面的第一天起,我就决心做好学生的思想工作,立规矩,严要求,给学生鼓励。希望能通过自己的努力,让学生变得更优秀。我鼓励学生抛下过去,重新开始,从现在开始努力,一切都还来得及。我每天耐心辅导,并鼓励他们大胆提问。这样日复一日坚持下去,学生们有了很大的进步,也变得更加自信了。耐心铺就了他们走向成功的道路。

我做了很多,也想了很多,其中有可取之处,也有不足之处。日后,我会更加努力,改进不足之处,争取做到最好。希望能帮助学生在学习的道路上走得坚定,最终走向成功。

阳光引悟教育学园

立 德 树 人

习近平总书记在谈到中国梦时指出,每个人都有理想和追求,都有自己的梦想。"梦想"这个激动人心的字眼激励着无数人上下求索,我不禁想起自己孜孜追求着的梦想,它就是我那"一个灵魂唤醒另一个灵魂"的教师梦。

要把学生培养成人格健全、品德高尚的人不容易。因此,我坚持教书育人,积极尝试多种教学方法;掌握学生的思想情况,注重教学的针对性、时效性和艺术性;注重双向交流,以饱满的热情上好每一节课,以真情、真心、真诚的教育影响学生,成为学生的良师益友,成为学生健康成长的指导者和引路人。有学生曾真诚地对我说:"在生活的海洋里,我们需要导航,而您就是那盏明亮的导航灯!"

有一次,班里的科代表在给我送作业时顺手拿了我桌子上的100元钱。我找到他,温和地对他说:"老师桌上的100元钱不见了,你见到过吗?"小家伙忐忑地说:"没看到。"我又接着问:"刚刚有人看到你掉了100元钱在地上,那100元是怎么来的?你能和老师说说吗?"小家伙心虚了,不敢说话。"老师喜欢诚实的孩子,每个人都会犯错,但只要知错能改,就还是好孩子,老师一样喜欢。如果你看到了老师的

第一章 引悟研究

钱,请你一定要告诉我,好吗?"小家伙开始动摇了。我继续说:"你每天帮老师收发作业特别辛苦,老师非常感谢你,老师相信你是一个好孩子,你说是不是?"小家伙忍不住了,眼角开始泛红。我故作失望地说:"既然你没看到,老师很伤心,你先回去,老师再找找看吧!"小家伙站着不动,我认真地看着他的眼睛。他终于憋不住了,说:"老师,我是在你办公室的地上捡到的,我把它还给你,你不要告诉其他人好不好?"我答应了他,但是事后我还是把这件事告诉了他的父母,并和他的父母约定不能让他知道,目的是让他父母平时多加教育,但也要保护好孩子的自尊心。后来,小家伙在学校再也没有犯过类似的错误,并且变得很有正义感,学习更努力刻苦。教育孩子的同时也要保护好孩子的自尊心。望着他真诚的目光,我很感动,我读懂了"教师"这两个字的含义和责任:那就是关爱每一个孩子,保护每一个孩子幼小的心灵。教师是在孩子心灵深处播种的园丁,在孩子心中播下宽容的种子,日后就会长成感恩的大树;在孩子心中播下诚实的种子,日后就会长成诚信的大树。

看见自己的学生一天天成长,特别是看到自己一次宽容的举动能重燃学生的诚信火花,我感到十分欣慰,还有什么比这更幸福呢?我们的生命将在一批批学生身上延续,我们的青春将在一代代少年身上闪光,这对于一个有限的生命体来说,不正是无限的生命力吗?我时刻践行着自己为梦想许下的誓言:"燃烧自己唤醒另一个灵魂,深埋种子成就另一个生命。"

"路漫漫其修远兮,吾将上下而求索。"我的教师梦带着我走过懵懂少年,陪着我度过激情的青春岁月,也必将鼓舞着我迎接美好的未来!因此,我将坚持在我深爱的三尺讲台上继续追梦,坚守在平凡的教师岗位上默默耕耘,用辛勤的劳动、智慧的汗水浇灌梦想之花。

第一章　引悟研究

好教师的模样

许多刚走上讲台的教师,都梦想着成为一名好教师。那么,好教师的模样是怎样的?

一、心中有学生

爱学生是教育工作者必不可少的品质。教师爱学生,才会用伯乐的眼光去发现他们的闪光点。教师与学生相处,需要怀揣"四颗心"。

1. 用心倾听

教师在教学管理过程中,有时单纯用批评指正的教育方式,效果并不明显。

班里的小邓不太爱学习,回到家不写作业。有段时间,我一味地批评他辜负老师和家长的教导,不听话不负责任……一系列的批评指责并没有让他改变多少。偶尔老师盯着他,他才做一些作业,但没有老师盯着时,作业都不做。

后来,我改变了教育方式,用温和的语气与他交谈,先询问他的难处,倾听他的想法。他说不做作业是因为贪玩,感觉到做作业很无聊,也不能体会老师说的学习的重要性和成就感。这时,我才了解了他内心的想法。

我先理解他,理解孩童好玩的天性,并鼓励他一点一点控制自己的"玩性",让他试着去发现学习的乐趣。后来,他有了很大的改变,对学习也产生了兴趣,有时能主动做作业了。这便是用心倾听的重要性。

2. 用心观察

学生是否进步,是否成长,教师的用心观察不可少。只有用心观察了,才能了解学生的需求。

教师在教学过程中,常会遇到这样的困惑,比如:为什么自己认真备课授课了,学生对知识的掌握还是那么不理想?一道题讲了很多遍,为什么还有很多学生没学会?其中的原因很多。但是,需要引起注意的是,教师在课堂上有没有用心观察学生的真实反应,有没有以学生为中心开展教学,有没有关注学生是否真正听懂了。

我们要善于用心观察学生的一言一行,当学生露出困惑的表情时,就说明可能没有听懂,那我们就要适当地停下来,根据学生的需求,去调整自己预设的教学内容、时间、方法,这样才能最大限度地让大部分学生在课堂上掌握知识。

3. 用心理解

作为教育工作者,学会理解很重要。面对一个个鲜活的生命,平等交流、用心理解是教育成功的法宝。

小颖是一个动作慢的女生,收拾很慢,写字很慢,走路很慢,吃饭很慢。这样的慢动作导致很多学习任务无法按时完成,长期积累下来,不懂的知识就很多了。我与她交谈她的学习问题时,她要么无动于衷,要么眼泪直流,泪水中充满了委屈和无奈。

后来,我不再责怪她,而是理解她因为落下了很多功课,知识没有掌握,所以很慢。于是我对她降低要求,减少任务量,鼓励她加快速度,帮她树立信心。慢慢地,她对待学习的态度积极了,变被动学习为主动学习,会努力完成学习任务。用心理解很重要,它是教育成功的奠基石。

4. 用心换心

真诚是做一名好教师的条件。好教师应怀有一颗诚心,用心与学生沟通,才能铺就教育成功之路。

新转来的学生小豪,乐观大方,常与同伴嬉笑打闹。有段时间,我察觉到他经常闷闷不乐。我开始询问他是否在生活中遇到了无法解决的困难。他都会说:"没有啊,没什么事呀。"我继续观察他,主动询问,耐心解答,很快我们拉近了彼此间的距离。有一天,我与他谈心,可能他被我的真诚所触动,主动与我说起家庭的变故。我很关心他,同情他,并在往后的日子里,给予他更多的关心。慢慢地,他与我更加亲近了,遇到什么困难都会主动寻求我的帮助。

用心换心很重要,它是架起心灵桥梁的秘诀。

二、脑中有内涵

1. 好教师会把教育理论运用到具体的教学中

用教育学、心理学的教育理论指导教育实践,效果会更好。

例如:"最近发展区"理论指出,教育应该走在发展的前面,教育者应善于发现学生的潜能,并加以培养。我们要找准学生的"最近发展区",确定适当的教学目标,才能达到良好的教育效果,让学生既学到知识,又锻炼了能力。目标定低了,学生学得太简单,能力无法提升;目标定高了,学生学得太难,压力会增大,甚至失去信心。

2. 好教师会评价反思自己的教学实效

好教师应该坚持"学习经验,吸取教训,反思提高"。

好教师会从学生的学习表现中审视教学环节,从学生的作业完成情况中反思课堂教学效果,从学生的学习检测中发现教学漏洞,从听课评课中知道自己的不足,从教学科研中总结经验教训,从前人的经验总结中得到启示与提升,这样才能不断提高自身的教育教学水平,优化自己的教育教学效果。

三、手中有方法

教育的真谛是"教天地人事,育生命自觉"。教育要想取得成功,要有好方法。我们知道,好教师深厚的内功往往表现为高明的,为学生所接受的教育方法。方法得当,学生心悦诚服,就能产生良好的教育效果。

好的教育方法有很多,要根据具体的实际情况,用得恰到好处,才会有好的教育效果。有时候,我们可以出其不意;有时候,我们可以因势利导;有时候,我们可以重锤敲响鼓;有时候,我们可以激发斗志;等等。

总之,要想赢得学生的喜爱,要想达到预期的教育效果,心中要有学生,脑中要有内涵,手中要有方法,这才是好教师的模样。

第二章　引悟育人

　　阳光引悟教育理念追求打造朝气蓬勃的校园、趣味横生的课堂、丰富多彩的课间,这也是我们全校教师共同的追求。

　　我们主动思考,用心探讨,努力践行阳光引悟教育理念。我们的每一句话,每一个举动,都是为了促进学生阳光成长。引悟育人,我们的教师认真、动脑、用情去创造;我们的家长配合、热情、用心去培养;我们的学生阳光、快乐、茁壮地成长。

阳光引悟教育学园

引悟教学，方法引领

语文就像水，温柔地灌溉学生的心灵；语文就像风，轻轻地抚摸学生的面庞；语文就像阳光，暖暖地陪伴学生的成长。语文能力来源于基础积累，没有基础积累，就没有能力提升，就没有应用和拓展。

为了夯实学生的基础知识，提高学生的语文素养，我在充分了解学生的基础上对症下药，因材施教。比如，在书写方面，我大力强调书写规范，要求字迹工整，努力克服错别字。又如，对修辞手法的判断和运用，对各种句式变换的学习，对字词的运用，我都逐一讲解，反复强调，以提高他们的语文能力。

如果把语文应用能力比作一座高楼，那么语文基础知识就是这座高楼的根基。因此，语文学习切不可缘木求鱼、舍本逐末。

语文天生浪漫，语文也天生快乐。孔子说："知之者不如好之者，好之者不如乐之者。"语文是最具有灵性、活力与趣味的学科。作为教育者，不能仅仅让学生对所学知识"知之"，更重要的是让学生"好之"，进而"乐之"。

在课堂教学中，我致力于将阳光引悟教育课题研究成果运用于实践中，并在实践中不断开拓创新。《义务教育语文课程标准》指出，阅读教学"要珍视学生独特的感受、体验和理解"。引读·感悟教学法需要教师在阅读教学中通过创设情境,运用灵活的教学方法,引导学生从多角度感知文本内容。在教学阅读课文时,我充分创设情境,打造灵动语文课堂,让学生走进文本,理解文本,感悟文本。此外,在教学中,我常常根据学生的学习情况,灵活调整教学策略,激发学生的学习兴趣,让学生真正进入学习、发生学习、创造学习、享受学习。例如:我通过开展语文活动,让学生在活动中学习知识,锻炼能力。学期初,开展假期社会实践展示活动;学期中,组织周末快乐秀之阅读分享和朗诵展示活动;学期末,开展综合性学习活动——走进信息世界。我想,要使学生始终保持旺盛的学习劲头,教师必须积极探究教学方法,不断更新教学思想和教学观念,真正做到与时俱进。

"授人以渔",事半功倍。语文教师如果将工作重心与焦点集中在灌输、给予环节,没有给学生传授学习方法和技巧,就会导致学生习惯于被动接受,不知如何探究思考,最终影响学生语文素养的提升。我们经常看到有些学生看似认真学习,但是学习效果甚微,这是因为他们没有掌握正确的学习方法。面对这种情况,我在班级里着重强调学习"三部曲"——课前认真预习,课堂专心听讲,课后及时巩固。我除了对学生进行学习方法的指导外,还注重培养他们的阅读习惯。为了让学生养成良好的阅读习惯,我每天下午组织学生开展阅读活动,每周开展阅读分享活动。经过长期的努力,学生基本养成良好的阅读习惯,语文学习能力也逐步得到提升。

在新课程改革不断深入的背景下,加强学生的语文学习方法指导,对提高学生的学习能力具有积极的意义。

阳光引悟教育学园

教研促提高

阳光引悟教育课题研讨活动已经开展了五届。我从第一届的不知所措,第二届的懵懵懂懂,到现在的得心应手,我付出了很多,也收获了很多。

课题研讨活动给我们提供了认真学习、研究的机会,极大地丰富了我们的知识。我们在课题主持人的组织下,通过听专题讲座,了解了理论框架与模式;在教学研讨会上,学习了与课题有关的案例资料,查阅了专家的学术著作。为了更好地推进课题研讨工作,出成果,见成效,我们一直在思考。对于如何提高教研效率,每位教研组长都在深思,也都提出了自己的见解:召开课型分析培训会,让教师充分理解五种课型后,再去开展研究;为了提高教师研究的积极性,可以在教师实绩评估中加入相应的栏目,凡参与者均可加分;让教师自主选择课型,写出自己的见解;适当推迟文字材料上交的时间,让教师有充分的时间思考、写作……通过课题研讨,我们的理论素养得到了提升,教学实践能力也不断增强,在文本解读和教学设计上,也有了明显的提升。

能参与到这支高素质的团队中来,成为课题组成员之一,我感到非常庆幸。学校每星期开展一次教研活动,不管是校内学科教研,还是年级组内的教研,都是提高我们的认知和能力的大好机会。大家在交流中相互学习,在激烈讨论中提升自我,擦出思想的火花。

中年级语文教研组精心准备研讨内容,广泛讨论,集思广益,反复修改教学设计,把每一次研讨活动都开展得有声有色、有序有效。

在说课教研活动中,大家集思广益、畅谈想法,弥补了教学方法老套、教学程序刻板、板书设计单调等不足。因此,本学期我们改变了说课的要求:不求面面俱到,只需说重点内容、疑难问题和创新之处等。说课要求改变后,研讨质量得到了较大的提高。

阳光引悟教育学园

用心做平凡事

教学之路上有喜也有忧,有成功也有失败。我们永葆教育初心,用心、用情做好平凡事、教学事、教育事。

一、创设良好环境,放手学生管理

第一,抓好课堂纪律。学生是班级的主人、学习的主人。良好的课堂氛围,是学生自主学习、合作学习的基础,有利于激发学生的创新思维,使他们想说、敢说、乐说,个性得到充分的张扬。作为语文教师及班主任,我首先要做好学生的思想工作,以思想促发展。我告诉学生学科没有主次之分,仅仅是学科名称不同,知识范畴不同,要求学生以同等眼光看待每一门课。其次,对学生的表现采取相应的奖惩措施。对课前准备充分、上课认真听讲、用心思考并认真记笔记的学生给予积分奖励,积分累积到一定的分值后可以换取相应的奖品。对违反课堂规则、扰乱课堂秩序的学生给予扣分惩戒,扣分累积到一定的分值需要通过做相应的劳动来抵消。我加强与任课教师的联系,了解学生的课堂表现,并安排纪律委员、小组长记录学生的课堂纪律情况,及时向我反馈。

第二,培养学生的自主管理能力。每个学生都是有思想的、活生生的生命个体,他们渴望被理解,被尊重。教师不能居高临下地发号施令,而应该多关心学生的学习和生活,做学生的朋友,以此唤醒他们内心的力量。

班主任事务繁忙,工作非常辛苦。怎样才能既把班主任的工作做好,又能抽出更多的时间用来备课,研究教学,帮助困难学生呢?经过两年多的实践,我的心得是,班主任一定要充分相信学生,鼓励学生独立自主,将班级任务分工到人,放手让学生去摸索,让他们在摸索中成长。这学期,我设立了许多班干部,从班长到植物管理员,并明确了各位班干部的分工和职责,让他们在管理与被管理中成长。另外,我定期召开班干部会议,了解班级情况,与班干部一起协商解决班级存在的问题。事实证明,这样既培养了学生的自主管理能力,又使自己从繁杂的班级事务中解放出来,一举两得。

二、指导学生活动,发展学生特长

除了做好日常教学工作和班级管理工作,我还鼓励学生参加各种活动,有意识地培养学生的特长。比如,晶晶同学能说会道,敢于发言,我鼓励她参与学校德育处组织的国旗下的演讲活动,还鼓励她争当小白鸽广播台播音员;小美同学心思细腻,做事认真,对写字兴趣浓厚,我让她每周坚持学习书法,提高技能。

三、加强家校联系,形成教育合力

著名教育家苏霍姆林斯基曾说过:"没有家庭教育的学校教育和

没有学校教育的家庭教育,都不可能完成培养人这样一个极其细微的任务。"由此可见,学校教育和家庭教育紧密相连,只有家校合作,共同为学生营造一个求真、向善、立美的成长环境,学生才能成长为具有健康心理、懂得感恩和进取向上的人。在与家长的联系沟通中,我做到了以下两方面:

第一,真诚——架设起一座沟通的心灵桥。

教师和家长联系,是为了多方面地了解学生,进而采取有效的教育措施,促进学生全面发展。教师首先要做一名真诚的聆听者,聆听家长心目中孩子的可爱形象,聆听家长对孩子的美好憧憬,更要真诚地聆听家长的冲动和偏激。教师还要做一名真诚的慰问者。哪个学生没来上学,不忘记打个电话真诚地问候一声。因为教师的一句暖人的话语、一个温馨的举动会温暖一个家庭。

第二,及时——急家长所急,想家长所想。

家校联系要经常化、及时化,教师要随时随地了解学生在家里的情况,家长也要了解学生在学校的方方面面。教师是一名传话者,要及时、经常、主动地与家长联系,急家长所急,想家长所想。我习惯每隔一段时间,主动给家长打个电话,汇报一下学生在学校的表现,聆听一下学生在家里的表现。针对家长提出的问题,和家长一起探讨教育的方法。学生的教育离不开教师和家长的共同协作,只有双管齐下,才能收到良好的教育效果。

引悟教育的"五心"

一、潜心备课

充足的课前准备,是打造有效课堂的基础。备好课是上好课的前提。备课时,我先研读教材,明确教学的重难点,精心准备课件,熟练掌握教学内容,然后根据学生的学习情况,设计张弛有度的教学计划并组织好教学语言,同时充分考虑课堂教学中可能出现的各种情况,找到应对的办法。经过课前磨炼,我对教学有了更深刻的认知,教学技能不断提高,教学效果也越来越好。

二、倾心授课

教师有激情,课堂有生趣,学生才会学得有趣。兴趣是学生主动学习的内在动力,教师要运用有效的教学方法和教学手段,激发学生的兴趣,培养学生的求知欲,帮助学生打开知识宝库的大门。

每天,我都带着满腔的热情和我精心准备的教学内容走上讲台。在语文课堂上,我创设有趣的情境,激发学生的学习兴趣;我精心设计问题,为学生提供广阔的思考空间,引导学生自主探索;我激情澎湃,运用引读·感悟教学模式,引导学生走进文本,感受文中的人物故事,体会主人公的情感。当我讲到令人欣喜的《我的"长生果"》一文时,学生们沉浸在书的魅力之中;当我讲到令人感动的《地震中的父与子》一文时,学生们发出父与子了不起的赞叹;当我讲到令人愤怒的《圆明园的毁灭》一文时,学生们为祖国发愤图强的情感油然而生……学生们上课兴趣浓厚,喜欢上语文课。这就是阳光引悟课堂,这就是引悟教育。

三、细心批改

作业是教学的重要环节,教师通过批改作业获得教学的反馈信息。面对学生的作业,我意识到,这是学生认真学习的成果,背后承载了学生的努力与付出,必须严谨对待。当我翻开作业本时,看到他们工整的字迹,我会感到高兴;看到他们做错的题目,我会感到着急;看到他们不会写作文,我会牢记心中,接下来认真辅导;看到他们答题正确,掌握了知识,我会感到欣喜。有效的作业能激发学生学习的热情,提升学习的质量。认真对待每一份作业,才能换来学生点滴的进步。

四、耐心辅导

"一切为了学生,为了学生的一切。"广大教师既要做好培养优生的工作,也要做好辅导后进生的工作,努力提升全体学生的综合素养。

面对良莠不齐的学生,我们要做的不仅仅是整体性教学,还要及时做好培优辅差工作。珊珊同学自觉学习、成绩优异,她的写作水平高,但她不满足现状,经常创作诗歌。我便单独帮她拓展诗歌知识,帮她修改诗歌,从而大大激发了她学诗的兴趣。小颖同学懒于动笔,不喜欢写作业,出现许多知识漏洞,导致越学越困难,于是我一点一点地重新教她,耐心辅导她,后来她取得了较大的进步。

所有学生在同一起跑线上起步,但跑着跑着,肯定会出现先后,学习也一样。所以,唯有耐心和因材施教,努力坚持做好培优和辅差工作,学生才能顺利到达终点。转化后进生的工作是一项长期、复杂、艰巨的教育系统工程,教师一定要多给后进生一些爱心,让爱的阳光温暖后进生的心灵,让爱的雨露滋润后进生的成长。

五、家校共育

教育孩子需要学校、家庭的共同努力。教学也需要家长与老师配合,才能达到事半功倍之效。与家长交流的过程中,教师要态度温和,耐心倾听,懂得换位思考,理解家长的难处。家校联系的方法有很多,比如:在班级群里建立相册,及时上传学生在学校的点滴故事;在班级群里及时发布班级、学校动态;通过召开家长会,及时总结汇报班级发展情况;通过电话、短信联系,诚心向家长汇报学生的日常情况。关心学生,使学生身心健康发展,是教师和家长的共同心愿。家校互助互动,合力育人,教育才能硕果累累。

引悟教育,做好"五心"。家校携手同行,促进学生阳光成长。

阳光引悟教育学园

引悟学习，共同成长

《义务教育语文课程标准》倡导"自主、合作、探究"的学习方式。在这种理念的推动下，小组合作学习成了当前课堂普遍的学习方式。小组合作学习有利于提高学生的学习效率，培养学生的团队精神，促进学生之间形成良性竞争。根据班级学生的实际情况，我进行了提高学生小组合作学习实效的实践探索，取得了一定成效。

一、新内容，新挑战

综合性学习活动——遨游汉字王国，以活动的形式引导学生了解汉字的特点和发展历史，从而加深学生对汉字和中华传统文化的了解，提高正确运用汉字的自觉性，同时锻炼学生搜集信息、整合信息的能力。它分为两个板块，一是"有趣的汉字"，二是"我爱你，汉字"。每个活动板块都有活动建议、阅读材料。学生根据活动建议开展相应的活动，阅读相关材料，拓展知识。

因为这个单元是新内容、新形式，所以备课充满了挑战。我要求自己努力做到以下几点。第一，提前备课，熟悉教材内容，把握单元的整体性、联系性。第二，研读教材，把握教学目标、重难点。第三，理清活动建议，确定教学基本思路，制订单元教学计划，合理安排教学课时。第四,做好资料准备,例如:活动计划表、小组评价表、课件等。只有备好课,才能上好课。只有心中有数,才能娓娓道来。备课除了要备教材,还要备学生。教师要了解学生已有的知识背景和生活经验,使教学符合学生的学情,力求学生已经具备的知识和技能得到运用;要通过点拨和引导,使学生的知识得到拓展,能力得到提升。教师要用教材教,而不是教教材。

二、分小组,写计划

上课伊始,我先让学生了解本单元的学习目标和内容,明确学习方向。接着,通过共同阅读两大板块的活动建议,让学生进一步明确综合性学习活动的内容并清楚如何开展。然后,根据教学内容及要求分组。采取自由组合的方式,将全班分为五个学习小组,并由小组推荐一名成员担任组长。很快,学生就自行分好了组,选好了组长。紧接着,我将活动计划的写法及范例展示给学生,目的是让学生学会写计划。一共有五个活动主题,五个小组自由选择,先选先得。确定活动主题后,小组内合作完成相应的活动计划表。学生分工明确,讨论激烈,互相帮助。最后,各小组展示了活动计划。这节课上,学生们的学习热情高涨,共同期待着新的学习内容与形式。

更新教学理念,引导学生在实践中学习,让学生主动合作、交流、探究,切实提高语文能力。语文课堂教学积极倡导小组合作学习的教学模式,能让课堂焕发出生命力。苏霍姆林斯基说过:"人的内心有一种根深蒂固的需要,总感到自己是发现者、研究者、探寻者。在儿童的精神世界中,这种需求特别强烈。"①小组合作学习可以为每个学生提供研究探索的天地及展示自己的舞台,可以满足学生展示自己的愿望,让学生享受成功的喜悦,从而提高学习积极性。

这一次分小组、写计划的活动,体现了活动育人的教育理念,真正做到了让学生在活动中学习,在活动中锻炼。

三、齐展示,互学习

第一组展示的内容是字谜。

组内成员按照要求及时将展示课件拷贝到班级电脑,并进行了合理分工。小彬同学负责展示谜面,让同学们猜一猜。活动开始了,一个个谜面呈现出来,同学们饶有兴致地猜测。随后,一个个谜底被揭开,教室里充满了欢乐。小卓同学负责公布谜底,并对有难度的谜语稍加提示。博文同学负责记录同学们的答题情况,统计结果,并给答对的同学发放奖品。

在活动准备环节,有人收集谜语谜面,有人整理资料,有人制作贺卡,有人制作课件,组内成员都能够完成自己的任务。遇到困难时,他们能主动承担,想办法克服,相互配合,在相互探讨、合作中学习、收获、成长。学习的过程是快乐的,学习的结果是令人满意的。学生们对字谜组的评价非常高,纷纷赞叹道:"他们分工明确,团结一心,具有合作意识、创新意识,每位成员都体现了自己的价值。"他们

---

① B.A.苏霍姆林斯基.给教师的建议[M].杜殿坤,编译.北京:教育科学出版社,2015.

第二章　引悟育人

字谜展示

将信息技术课程所学到的知识运用到课件制作中：课件的整体风格统一，颜色搭配合理，字体的大小合理，谜面、谜底采用动画形式呈现，展示效果好。小彬平时发言不够自信大胆，今天的他令人刮目相看。他做了充分的准备，表达自然流畅，展示大胆自信。虽然今天字谜组展示的字谜类型不够丰富，但展示的过程很成功。学生在自主合作学习的过程中，锻炼了能力，成就了自我。

第二组展示的是歇后语、谐音。

第一个环节：小珊同学代表本组做汇报，展示了小组成员制作的关于谐音故事、诗歌、谜语等内容的手抄报，利用课件讲解了谐音的概念，讲述了关于谐音的故事等。展示过程条理清晰，层次分明，表达流畅。

第二个环节:钦凤同学上台展示自己制作的电子小报,给全体同学讲述《侍郎是狗》的故事。电子小报设计新颖,布局合理,内容丰富;故事有趣,吸引眼球。

第三个环节:全组成员一起表演了关于谐音的笑话。她们的演绎生动形象,展现了中华汉字文化的魅力,给同学们带来了欢乐,迎来了阵阵掌声。

她们对谐音的探究,有内容,有内涵,有深度。小组展示完毕,我进行适当补充,学生听得津津有味,捧腹大笑。学生感到这样的课堂时间过得很快,意犹未尽。

歇后语、谐音展示

第三组展示的是汉字的来历。

小圳同学给大家简单介绍了汉字的来历。他的讲演落落大方、自然得体。组内成员齐心演绎仓颉造字传说。他们生动的表演,让我们更加直观地了解了仓颉造字的传说,明白了汉字的来历。这次活动,男生比平时更大胆地展现自己,勇于突破自己,真正达到在活动中锻炼自己、成就自己的目的。学生们享受到了成功的喜悦,提高了学习的积极性。

汉字的来历展示

第四组展示的是汉字历史大揭秘。

第一个环节:咏欣同学讲述汉字历史,着重讲述了甲骨文的演变。我和学生都被汉字的优美形态所吸引。

第二个环节:讲解汉字的演变史。详细讲解了汉字字体的演变过程及产生的时间,特别展示了几个常见字的演变过程,大大激发了学生学习汉字的热情。

第三个环节:手抄报展示。手抄报制作美观,布局合理,赢得了同学们的一致好评。

第四个环节:甲骨文的发展历程。同学们听完后对第四组的表现大加赞赏。

这个小组最大的亮点是分工合作,各尽其职,共同协作,很好地达到小组合作学习的目标。在这次活动中,这个组进步最大的是鑫怡,她平时不敢发言,现在却能大胆地、大声地向同学们讲述。

汉字历史大揭秘展示

第五组展示的是关于错别字的笑话。

第一个环节:孜孜同学给大家展示街头错别字闹笑话的事例,如:"西爪1.5元"。随后提问:"同学们,你们知道错别字引起的不良后果有哪些吗?"大家踊跃发言,表达看法。

第二个环节:讲述由错别字引发误会的故事。如:太平军北伐时,先行官将"绕城"写成"烧城"而酿成大错。将"忘带伞"写成"忘带命"而引起天大误会的故事,告诫同学们在写字或做事的时候,一定要专注认真,避免出错。

第三个环节:表演小品《大娘成大狼》。小品表演引得同学们捧腹大笑,也更深刻地告诉同学们千万不能写错别字,否则可能造成不良的影响。

最后一个环节:展示电子小报。学生制作的电子小报,主题明确,版面布局合理,图文结合,既有观赏性,又有知识性。

第五组的课件图文并茂,例子生动活泼,有吸引力,并能引起同学们的思考。他们的汇报展示,能够让同学们学到知识,领悟生活中的道理。第五组全体成员能细心发现生活中出现的错别字问题并善于总结,善于学习,做事有条理,赢得了同学们的好评。

错别字造成的笑话展示

在此次综合性学习活动中,学生从最初的不懂,到努力参与,再到成功展示,一步一个脚印走下来,既锻炼了能力,又收获了自信与成功。在小组合作学习的过程中,学生之间相互激励,相互促进,在合作的氛围下迸发出创新的火花,拓宽了视野,拓展了思维,培养了学习能力、合作精神。教师在教育教学过程中,要努力创造机会让每一个学生参与其中,让学生在参与的过程中体验学习的快乐,获得心智的发展。

阳 光 絮 语

一、笔尖心语的故事

心里话,笔尖说。昨晚,怀着一份温情写下给学生航本的信。信中仿佛仍留有手的温度。

第二天上语文课前,我轻轻将它拿出,放在讲桌上。围在我身边的学生表现出强烈的好奇。

"老师,这是你写的信吗?"

"老师,这信封好漂亮啊!写给谁的呀?"

"老师,你写的内容是什么呀?"

"老师,可不可以打开来看看?"

学生们个个变成好奇宝宝,问个不停。为了留一份惊喜,我暂时没有公布答案。

上课了,我才说道:"老师昨晚萌生了一个浪漫的想法,想做一件浪漫的事,那就是给每一位同学写一封特别的信。"说到这,学生们都很好奇。我接着说:"我还给这件浪漫的事起了个名字,叫'笔尖心语'。"听着学生们发出的赞叹,我的心里美滋滋的,为这样一件美事而心情愉悦。

"第一封信是写给航本同学的,谁先谁后,没有原因,想到谁就写给谁。你们想让我快点写给你吗?"

"想!"

"让我们共同期待吧!每位同学的信封信纸都是独一无二,不重样的,附带一个中国风的书签哦。"

这一刻,学生的眼里饱含期待,期待明天快点到来,期待下一封信是写给自己的。看着他们眼底流露出的期盼,我的内心更急切了,恨不得马上写下心里话,寄出心中情。

课后,航本静静地读了那封信,脸上露出了喜悦幸福的笑容。我默默地看着这一幕,心中泛起涟漪。放学时,他跑来问我:"刘老师,为什么你的第一封信是写给我?"我想给予他肯定与鼓励,于是说:"因为你可爱,你优秀!"

短短的一封信成了师生心灵沟通的桥梁,成了教师教育学生的重要载体。尔后,航本发生了微妙的变化,不仅上课认真了,课后还积极与同学交流探讨学习问题。把简单的事做好,就是不简单。

二、秀出精彩,浸润人生

"快乐周末秀"是我们附小的特色课程。秀什么?怎么秀?这两个问题一直困扰着我。

苏霍姆林斯基说:"学生的智力发展取决于良好的阅读能力。"[1]

---

[1] B.A.苏霍姆林斯基.给教师的建议[M].周蕖,等译.武汉:长江文艺出版社,2014.

阅读可以丰富学生的词汇，拓展思维，增强理解能力，唤起求知的欲望。

学生在低年段时，阅读兴趣不浓厚，写作水平不够高，这让我很苦恼。为了提高他们的阅读兴趣和写作水平，我巧妙地利用快乐周末秀的十五分钟时间，搭建一个阅读分享的平台，让他们站上讲台，跟同学们分享自己阅读的书籍和心得体会。这个活动从三年级延续到四年级，不断改进，效果良好。学生期待每周阅读分享时刻的到来，在分享与被分享中收获很多。

让人印象深刻的是晶晶同学的分享。她分享的是中国古典四大名著儿童版。首先，她由一个游戏引入，请同学们以接龙的方式问答与四大名著有关的文学常识题，不会的同学可以寻求帮助，答对的同学有奖励。游戏开始了，问题有：《红楼梦》的作者是谁？哪吒的法宝有哪些？《水浒传》的"浒"字怎么写？……学生激烈抢答。接着，晶晶读了《水浒传》里的节选故事，特意留下了许多悬念，吸引感兴趣的同学到她那借阅图书。开歆同学给大家推荐了几本书，其中有《找到自信的自己》《学会展现自我》。晗烨同学给大家讲了个童话故事。这一节周末秀课在愉快的分享中结束，大家收获了不少知识。

罗伊·兰德说："阅读是永恒的乐趣。"我愿学生都能享受到这种乐趣，与书相伴，润泽心灵。

阳光引悟教育学园

阳光书苑的故事

在茫茫人海中,相遇,是一种缘分,是一种幸福。我珍惜与每一位学生的相遇,并努力去呵护这相遇的美好。时间逝去了,学生成长了。这一路,我们一直在一起,相爱相伴,书写着我们的故事。

一、班名

我们班级有一个好听而高雅的名字,叫"阳光书苑",寓意沐浴书香,阳光学习,阳光生活,阳光成长,做一名阳光快乐的好少年。学生从一张白纸到色彩斑斓的图画,必经的过程是"学"。孩子的天职是"乐",学生的天职是"学",我真切地期望学生在成长的过程中学有所得,学有所乐。

二、班训

我们的班训是"阳光,友爱,进取,拼搏",就是要求学生做到心态阳光,团结友爱,努力进取,奋进拼搏。为此,学生集思广益,创作了一个响亮而催人奋进的口号:"我自信我出色,我努力我成功!"我真诚地希望学生在自信中变得出色,在努力中获得成功。有温度的文字是我对学生真挚的感情。班训如果不能与每日真实的生活相融合,就是形同虚设。我将积极的能量一点一滴传递到学生的心里,希望未来的日子,学生能用真情和智慧武装头脑。

三、班歌

每天午唱,是学生放飞歌喉,享受音乐的时刻。我无意间搜索到《我的梦想》这首曲子。跟随着动感的旋律,学生不由自主地哼唱起来。这首歌成了我们班每天中午的必点歌曲。歌声动听,词曲激励人心。渐渐地,大家都爱上了这首歌。于是我们将这首歌确定为班歌。

班级风采

学生每日学习生活的点点滴滴,都在续写"阳光书苑"的故事。相伴现在,相约未来,我愿这个故事越来越长,越来越有趣,越来越充满真情。

附：

我的梦想（节选）

词：薛振华　曲：陈心陶

像一束光，有方向

通往心中的能量

温暖，坚强

这就是梦想

一点一点闪亮

一次一次倔强

我会变得更勇敢

你会看见我，小小力量

也能超越想象

回应未来的呼唤，我的梦想

……

第二章　引悟育人

家校携手，阳光成长

有一群学生生活在一个充满阳光的园地；有一群教师用虔诚的态度投入教育；有一群家长大力支持学校。这样一群人组成了一个幸福的家庭——五(1)班。为进一步加强家校联系，充分发挥家校教育合力，促进学生阳光快乐健康成长，五(1)班召开了主题为"家校携手，促进孩子阳光成长"的家长会。

家长会是家校沟通、联系的渠道，是促进学生阳光成长的有效方法。为了形成良好的教育合力，我努力做到了以下几点。

一、密切关注，及时汇报

教师要做教育的有心人，用善于发现的眼睛，密切关注学生的成长。我注重收集学生的成长故事，以照片和文字的形式与家长分享，例如：假期分享会，班干部竞选，科技节活动，周末快乐秀活动，综合性学习活动，等等。我积极主动向家长汇报班级发展情况，向家长展示班级文化、班级荣誉等，例如：科技节活动，各项征文比赛、汉字书法比赛的获奖情况等。有了平时的密切关注，了解了学生成长的点滴，家长与教师才会有共同教育好孩子的信心。

二、精心准备，善于总结

为了开好家长会，我精心准备发言稿和课件。课件的每一页都用温暖的文字、生动的图片展示班级情况，从理念到制度，从学习到生活，从过程到成果，一一展演。在语言表达上，注意简洁但不武断，细致但不啰唆，语言清晰，表述准确。在内容准备上，与家长分享班级管理情况，介绍班级管理遵循的六大原则。第一，公开公平。班级事务，事无巨细，事先跟学生及家长沟通，并在公告栏公示，班级活动力求做到机会均等、公平公正。第二，制度先行。班集体的管理依靠班级规章制度，师生共同制定班级公约并严格执行。第三，倾听帮助。善于倾听学生的需求，及时给予其帮助，促进其成长。第四，活动育人。带领学生积极参加学校开展的各项活动，让学生在活动中体验、收获、成长、成才。第五，文化熏陶。注重班级文化建设，让学生在舒适优雅的环境中学习，在文化氛围中接受熏陶，通过潜移默化的教育，达到水到渠成的效果。第六，狠抓德育。在班级管理中注重学生品行道德教育，常开主题班会；在学生日常学习生活中渗透道德教育。

家长会旨在向家长传达这样的教育理念：孩子是您生命的延续，学生是我工作的寄托。

三、理解家长，相互配合

作为一名教师，对学生家长也要多一分理解。教师对学生最大的关爱就是全力帮助，永不放弃。我们要让家长明白，应该把培养孩子放在第一位。相互理解的教育,相互配合的教育才能形成真正的教育合力。因为每个学生成长于不同的家庭环境,每个家庭都有不同的教育方法,所以造就了每个学生不同的个性特点。

苏霍姆林斯基说过:"如果没有整个社会,首先是家庭的高度教育素养,那么不管老师付出多大的努力,都收不到完美的效果。学校里的一切问题,都会在家庭里折射出来,而学校复杂的教育过程中产生的一切困难的根源也都可以追溯到家庭。"当今社会,不仅对教师提出了更高的要求,也给家长带来了巨大的压力。为了教育好孩子,家长也非常辛苦。在学校教育教学过程中,每位教师应尽心尽责,用心教育好每一位学生。在家庭教育过程中,家长也应该与教师相互配合,形成教育合力,这样才能促使孩子阳光成长。

关于如何教育孩子,我认为可以这样做:第一,培养孩子乐于倾听的习惯。无论是课堂上,还是生活中,都要做到尊重他人,耐心倾听。第二,培养孩子努力完成任务的习惯。要让孩子愉快地接受任务,高效完成,不找借口。第三,培养孩子文明守规的习惯。让孩子做到心中有爱,遵规守纪,自尊自控。第四,培养孩子爱读善写的习惯。让孩子喜欢读书,喜欢写字,喜欢写文章。第五,培养孩子及时改错的习惯。让孩子拥有羞耻心,能诚实认错并勇于承担责任。

教育必须把家庭、学校结合起来,形成相互协作的合力,共同寻找最佳教育方法,以达到育人的目的。优秀的孩子源于良好的家庭教育,源于家庭与学校的相互配合。让我们携起手来,为了孩子能阳光快乐成长而努力!

家长论坛选辑

和孩子在一起就是教育

我是黄珊的爸爸,首先感谢班主任刘老师给予我这次发言的机会,让我在这里和大家一起交流孩子的教育。

一、良好习惯靠培养

孔子曾说:"少年若天性,习惯成自然。"如果孩子能够在少年时期养成爱学习的好习惯,那他便会将追求知识、努力学习当成生活中的一件重要的事来对待,就不需要我们做父母的再三催促。习惯的力量是惊人的,它可以影响一个人一生的发展。

我们家根据孩子不同的年龄阶段,培养她不同的生活、学习习惯。幼儿时期,从礼貌用语、生活自理能力开始培养,并用奖励的方式强化优良习惯。例如:从三岁入园开始,我们教会孩子一些基本文明礼貌用语,如"你好""谢谢""对不起"等,这是最基本的行为规范,也是习惯培养的起点。针对孩子吃饭慢、做事拖沓等,我们为她制作了一个表格,贴在她看得到的地方,记录每天吃饭、活动等情况,通过奖励小红花的方式来纠正她的不良习惯。小学时期,我们着重培养孩子自主学习、自主阅读、管理时间等习惯。例如：放学回家后，先写作业再做其他事，这就为孩子树立了"学习第一"的观念，让她自觉学习。关于阅读，从孩子幼儿时期的亲子阅读到学会拼音后的自主阅读，由阅读带拼音的绘本过渡到阅读文字书，这是一个循序渐进的过程。让孩子多读书，读有益的书，能增长孩子的见识，扩充孩子的知识面。因此，要潜移默化地培养孩子爱读书的好习惯。

好习惯的附加值就是培养了孩子管理时间的习惯——自律。从最简单的上学不迟到开始，到合理安排时间，制订计划，不盲目消耗时间。好习惯养成的开始阶段，会遇到各种困难，所以我们以表扬、鼓励为主，批评为辅，教育孩子从小事做起，贵在坚持。一分耕耘，一分收获。只要我们愿意付出，总会看到成果。看着孩子一天天在变化，作为家长，我看在眼里，喜在心上。我有理由相信，有我们的陪伴，有老师的科学指导，孩子们一定会健康地成长，他们将会是我们的骄傲！

二、道德品质靠教育

家庭是孩子道德观念形成过程中最重要、最基础的环境，而父母的言传身教直接影响孩子道德品质的形成。一个孩子拥有良好的道德品质，才能拥有积极向上的精神面貌，才能为将来的人生发展打下良好的基础。古人云："人之初，性本善。"品德的发展像涓涓细流，需要日积月累，成长中的孩子的道德品质还没定型，需要家庭教育的助力。

树立正能量,用革命英雄事迹激励孩子成长。爷爷奶奶都是老党员,他们在孩子小的时候,经常教孩子唱红歌,给孩子讲革命英雄事迹,培养孩子的民族精神和爱国主义情怀。在家里,我们会有意无意地给孩子灌输一些正能量的事例,发现孩子有讲脏话等不文明行为及时纠正。

杜绝孩子之间的攀比,避免孩子养成自私自利、好吃懒做的不良习惯。随着经济的发展,人们的生活水平日益提高,孩子们攀比成风,认为别人有的我也要有。过度的物质追求对孩子的伤害极大,日积月累会养成惰性。针对这一现象,四年前的一次节假日,我准备了奶粉、点心等,带孩子去了一趟福利院。她亲手给小朋友们分点心,也亲眼看见了小朋友们的物质条件和生活环境。此行对孩子的触动很大,孩子和我约定每年都要去看望福利院的小朋友。每当学校、社区有捐助、义演、义卖活动,她都积极参加。从古至今,父母都是孩子的第一任教师。俗话说,"身教胜于言教",家长做好榜样,才能让优良的道德品质在孩子身上开花结果。

三、学习辅导靠方法

家庭和谐是家庭教育的基础。在这里我要感谢孩子的母亲放弃自己的工作陪伴孩子成长。作为一名父亲,我要承担养家糊口的责任,平时工作比较忙,在工作之余我会尽可能去陪伴孩子。孩子来到家庭,和我们成为一个共同体,这就是人生的缘分。父母真正和孩子在一起的时间是非常有限的,而且在一起本身就是教育。

第二章 引悟育人

陪伴孩子的方式多种多样。休闲娱乐时,陪孩子聊聊学校生活、家常小事等;节假日陪孩子去图书馆,看电影,打乒乓球,爬山,旅游等。日常与孩子的互动中,她会提出各种各样的问题,我会给予鼓励,引导孩子自己观察思考,寻找答案。因为孩子在这个成长阶段的求知欲望强、好奇心重,我们要善于引导。如果遇到我也不会的,我们就一起查资料找答案。陪伴多了,与孩子更亲近了,她有很多话、很多想法会直言不讳地告诉我,这样我才能了解孩子内心的想法。

尽量给孩子营造一个安静的家庭学习环境。我们全家达成一致意见,周一到周五不开电视,让孩子静心学习,不受干扰。有了前期良好的学习习惯的培养,现在孩子放学后能自主认真地完成作业。

关于学习辅导的理念,我不认可"棒打出孝子"的传统教育观念。我的做法是多沟通,多鼓励,少指责,少批评。在辅导孩子学业的分工上,我和孩子妈妈密切配合,分工合作。妈妈负责语文、英语,我负责数学。妈妈是急性子,在辅导孩子学习时,遇到孩子情绪不好、态度不端正时,难免会对孩子大声指责。这时,我会及时把她拉开,让她平复情绪。然后我心平气和地和孩子慢慢沟通,找到问题所在,再正确引导,最后不忘夸夸孩子。有时遇到无从下手的问题时,我和孩子妈妈会在孩子睡后讨论一番,找出适合自己孩子的方法,因人施教。在引导孩子解决学习上的难题时,我会先让她说出思路,并找到课本中对应的知识点,再让她自己思考解决。我教她学会总结,每单元学完,让她自己总结知识点,并记录下来,这样能更深刻地理解知识点。在考试分数出炉后,我不会太关注分数,我觉得分数的高低不重要，重要的是孩子是否掌握了这个单元所学的知识点。所以，我会先看错题，再和孩子一起分析错题，哪些是因为不熟练、反应慢出错的，哪些是因为知识点没掌握不会做的。针对前一种，我会出一些相似的题目，让孩子多练习巩固；针对后一种，我会把这个单元的知识重新给孩子讲解一遍，再出题练习巩固。

孩子成长中的每一次进步，都离不开学校老师的耐心引导、辛苦付出，更离不开家庭成员的耐心陪伴和正确引导。教育是一场漫长的修行，求真求是，细润无声。

家长是孩子的榜样

我是张晗烨的妈妈，非常荣幸有机会和各位家长、老师共同探讨孩子的教育问题。在此，我代表所有学生家长向各位辛勤劳动和无私奉献的老师表示衷心的感谢！

我们来自全国各地，有着不同的身份，做着不同的工作。但不管我们是做什么的，今天坐在这里，大家都是平等的。因为，我们拥有共同的身份，那就是儿女心中的父母，老师眼里的家长。所以，我想借此机会就如何做父母和怎样当家长，同各位一起分享。

一、培养正确的学习观

我们都希望孩子快乐自主学习，那家长该如何做呢？我们要帮助孩子树立正确的学习观。我和孩子讨论过"你为什么要读书"这个话题，在讨论中让孩子明确学习是为了"分辨是非，知道什么该做、什么不该做,明白道理,长大后能在这个社会生存立足"。所以,孩子在学习之前,先要知道自己在学习这条路上应该承担的是"责任"。孩子树立正确的学习观念的过程是漫长的,需要我们的监督和鼓励。家长要严格要求孩子及时认真完成家庭作业,做错的地方要自己去改正,养成主动承担学业的好习惯,要让孩子明白只有自己努力才会取得进步。

二、创造良好的环境

环境是培养孩子性格品质的重要后天因素。据了解,大部分有成就的优秀人才通常拥有一个良好的家庭环境。他们的家庭是和谐的、平等民主的、充满爱的家庭。因此,家长要尽力给孩子创造一个和谐的家庭环境。父母教育子女的方式方法要一致,态度要统一。四年级的孩子大多在十岁,处于青春期,容易烦躁,我们应该多理解孩子,多用商量的口气交谈,在一些小事情上可以让他们有选择的权利,让他们感受到父母对他们的重视。此外,还要为孩子创造相对独立的、安静的学习场所。以平常心对待孩子,和孩子交朋友,让孩子感受到父母对他的爱,让他有什么话都愿意对父母说。孩子们都很优秀,身上都有很多闪光点,我们要用一双慧眼去发现孩子身上的优良品质。

三、培养兴趣爱好

孩子的兴趣爱好,可以成为他们向上的精神支柱。在这种精神支柱的支配下,他们会产生一系列积极的情绪体验,进而产生热爱生活、珍惜时光的情感,会感到生活的充实和人生的美好。因此,要多鼓励孩子参加活动,培养兴趣爱好。鼓励孩子积极参与学校举办的活动,让他们在活动中发现乐趣。作为家长,我们都希望自己的孩子能够全面发展,样样精通,这就不可避免地涉及兴趣培养。我个人认为,培养兴趣的前提是尊重孩子自己的选择,并且把学习过程中可能遇到的困难提前告知孩子,要让孩子为自己的选择负责,不能半途而废。培养兴趣和爱好的过程中,可以使他们克服各种各样的困难与险阻,培养出顽强的毅力,并沿着既定的目标奋勇前进。

四、培养自理能力

在家庭教育中,培养孩子的自理能力和独立精神非常重要。在生活中,要有意增强孩子自我打理生活的意识。这一点很多家长做得很好,例如:班级里的许多孩子都自行上下学。能够自己上下学,就是一种勇敢和独立。还有的孩子始终把自己收拾得妥妥帖帖,在家里经常帮忙做家务。培养好孩子的自理能力,才能让他们在将来的学习和生活中更有竞争力。自理能力的培养不是一朝一夕的事,是一个不断重复、修正、强化的过程,是一个不断克服错误和不良习惯的过程。这就需要家长不仅要让孩子认识到独立自主的重要性,而且要从生活的点点滴滴、方方面面,时时提醒,时时督促。

五、多沟通、多交流

尽可能花更多的时间去爱孩子,在教育孩子的过程中与他们共同成长。孩子喜欢的是能和他们一起玩、一起笑,能同情他们,能理解他们的好朋友式的爸爸妈妈,这样他们才能敞开心扉,诉说心里话。我们每天都会抽出一些时间与孩子聊聊天,哪怕只是短短的十分钟,甚至几分钟。我会问问她今天在学校的情况,今天开心吗,今天学了些什么,等等。久而久之,无形中增强了孩子与人沟通的能力,建立了和谐、信任的亲子关系,为以后的教育打下了基础。

六、家长是榜样

古语云:"林木茂盛,必先固其根。"现在孩子的认知水平还比较低,在很大程度上喜欢模仿。家庭是孩子的第一个课堂,父母是孩子的第一任老师。父母要求孩子做到的,首先自己要做到,只有这样,父母在孩子的心目中才是一个可听、可信,又可敬的人。而我们自己的一言一行,都会潜移默化地影响着孩子。所以,我们家长要做的就是少说多做,以身作则,做好表率作用,用自身的言行去影响孩子。做人是孩子的立身之本,欲使孩子成才,先教孩子做人。

以上是我对小学生家庭教育的一些浅显思考,与各位家长、老师共勉。我们相信,通过学校、老师和家长的共同努力,我们的孩子一定会更加健康快乐地成长。

阳光引悟教育学园

感 动 一 刻

今天放学时收到一封意外的来信,我阅读之后深受感动。这封来信饱含一位社区清洁工对两名学生的赞美。

信中写到的不怕脏、不怕累、乐于助人的两名女孩就是班上的如意和楷棋同学。当很多人捂鼻嫌弃的时候,她们扶起垃圾桶,并把垃圾桶搬到车上,将乐于助人的精神内化成自觉的行动。她们俩不经意间的举动成了陌生人眼中的动人画面,而这动人画面就是两位女孩美好品质的体现。

一切说教都不如将中华民族的传统美德转化为实际行动去感召身边更多的人。我在班里将信读完之后,全班也因此受到了教育,他们既为如意和楷棋两名同学感到自豪,也为身在这个集体而骄傲,更为学校感到光荣。我相信这种美好的品质会感染他们,促使他们争做阳光快乐的美德少年。我相信更多的附小学子会成为靓丽的风景、学校的名片。

附:

表扬信

华中师范大学附属惠州大亚湾小学:

贵校五(1)班的两位女生,我虽然不知她们的名和姓,但她们的形象给我留下了深刻的印象。她们的高贵品质值得大家学习！事情是这样的：我推着满满一车垃圾下坡，车子一颠，垃圾洒落在地。后面来了两位女孩儿，急忙扶起垃圾桶，并把垃圾桶抱到车上。在新时代甜蜜生活中长大的孩子，还有这种不怕累、不怕脏、助人为乐的精神实在难能可贵！这也是贵校教育有方，教育出的学生这么优秀。望五(1)班班主任老师找到那两个帮我搬垃圾桶的女孩，特替我表扬，谢谢。

社区清洁工
6月29日

爱——教育的灵魂

我常想,是什么让广大教师秉持着"春蚕到死丝方尽,蜡炬成灰泪始干"的信念去教书育人的?是什么让广大教师站上三尺讲台,"鞠躬尽瘁,死而后已"?又是什么让广大教师用生命践行着"捧着一颗心来,不带半棵草去"的教育奉献精神?教育家苏霍姆林斯基给了我们最好的回答,他说:"没有爱就没有教育!"是的,没有爱,没有情感的教育不能称其为教育。爱,是教育的灵魂!

身为人民教师,有的人把教育当作一种职业、一种谋生的手段;而有的人把教育当成一项事业、一项伟大的工程。不同的教育情怀形成了不同的教育态度。我想,作为一名教育者,我们面对的是一个个生动活泼、天真烂漫的孩子;肩负的是培养社会主义建设者和接班人的责任;履行的是使祖国繁荣富强的使命。我们应当爱教育。爱教育,才会有教育激情;爱教育,才会有教育创新;爱教育,才会教育好孩子。

对我产生巨大影响的老师有很多,而让我印象最深刻和最受感动的是我的初中语文老师——李志坚老师。李老师担任了我初中三年的班主任和语文老师。每天到学校,最早见到的是李老师的身影;每当有困惑,最先伸出援助之手的是李老师;每次有进步,最先投来

第二章 引悟育人

赞许目光的是李老师。李老师每天都充满激情,每天都带给我们不一样的课堂,每天都让我们有所收获与进步。在初中毕业之际,我们为李老师写下了这样的赞歌:

老师,人们都说您是蜡炬、春蚕,可蜡炬的泪折射不出您的无怨无悔,春蚕的丝缠绕不出您的鞠躬尽瘁。

人们都说您是园丁,身边簇拥着稚嫩的蓓蕾,可谁又知道您在百花盛开时悄悄地憔悴。

年复一年,学生感悟了您的智慧,留给您孤独的依偎,然而我们明天的蓝图是您饱蘸心血描绘的。

老师,您笑容背后的沧桑,在我们的心中最美!

是对教育的爱,让我们饱含对教育的激情和创新。爱,是教育的灵魂!李老师用自身的行动感染了我,他将爱的教育情怀传递给了我。从那时起,我就想长大后要成为像李老师这样的教师,要用满腔热血和爱去履行教师的职责。

教书育人,是教师的天职;为人师表,是教师的内在要求;关爱学生,是师德的灵魂。学生是敏感的个体,他能在老师的一举一动中感受到老师对自己的关心与爱护。

一个孩子的转变过程始终萦绕在我的心田。那是一名自卑、不善言辞的学生。刚开始接触这个孩子时,有老师劝我放弃这个孩子,因为他上课时完全听不懂,完全跟不上其他同学的学习节奏,课后作业书写很糟糕,字写得像甲骨文。与他交谈时,他不说一句话,连回答是与否都用点头和摇头代替。但是,我没有对他置之不理。在平时的教学中,我给了他更多的关注,常常用眼神鼓励他、赞扬他。对于他的作业,我努力发现其中的亮点,用表扬的方式使其不断进步。课后多跟他谈论轻松的话题,引导他表达想法。通过我们共同的努力,他做出了巨大的改变。上课认真听讲,写字一笔一画,更令我惊讶的是他上课开始大胆举手发言。是教师的爱,温暖了他,激励了他;是教师的爱,融化了他,改变了他。

在教学过程中,我深刻认识到教师之爱的力量。爱学生的教师才是好教师。没有爱,就不会把学生放在心上;没有爱,就不会履行好教书育人的职责;没有爱,就不会产生教师的幸福感。

苏霍姆林斯基说:"一个好教师意味着什么?首先意味着他是这样一个人,他热爱孩子,感到和孩子交往是一种乐趣,相信每个孩子都能成为一个好人,善于跟他们交朋友,关心孩子的快乐和悲伤,了解孩子的心灵,时刻都不忘记自己也曾是个孩子。"[1]教师的爱,是认同的爱,是奉献的爱。教师的一分付出并不一定能换回学生的一分回报。教师对学生的爱应该是不求回报、无私奉献的爱。不求回报,才能真心付出;不求回报,才能收获学生与家长的青睐;不求回报,才能守住教育的良知。

爱,是教育的灵魂!因为有了爱,花更艳,草更芳。

---

[1] B. A. 苏霍姆林斯基. 帕夫雷什中学[M]. 赵玮,等译. 北京:教育科学出版社,1983.

第二章 引悟育人

班会课的思考

今天有幸聆听了张艳老师的一节主题为"压力"的班会课,引发了我的思考。

张艳老师的"压力"班会课旨在缓解学生的压力,引导学生正确理智地面对压力,使没有压力的学生有适当的压力作为动力,使压力过大的学生调整心态,促进学生在一个良好的心理环境中实现高效学习。

课堂小调查开启认知和思考。班会课从课堂小调查活动开始,先请个别男生、女生和老师真实地描述自己一天的生活。由此引出,每一个人,面对不同的职业,在不同的地点,都有生活的压力。

"压力游戏"能启发学生对舒缓压力的思考。课堂上组织学生玩了"你能承受多大的压力"的游戏:在装满水的杯子中,让四位学生轮流放入回形针,直到水溢出来为止。在这个过程中,学生有了意外收获:从没有想过一个装满水的水杯,还可以放200个回形针!不过,水终究会溢出来。所以,压力对于人来说也是一样的。继而引发学生思考:你觉得有效缓解压力的积极方法是什么?学生畅所欲言,老师把他们的观点总结归纳为几方面:运动、听音乐、睡觉等方式都可以舒缓压力。这节班会课,老师通过分享、实践、思考、总结,教给学生缓解压力的方法。学生有效掌握方法，并运用到生活中。

反观我的班会课，我反思：我的是班会课还是班会呢？理论上，班会课是班级德育教育的阵地，应当从方方面面对学生的成长进行恰当的引领和指导，起到教育的作用。从一年级到六年级，我们可以从行为规范、规则意识、安全防范、心理健康等方面，对学生进行德育教育。但是我的班会课的内容大多是安全教育、班级常规事务强调等。

在我的班会课中，我充当了一名大班长的角色，直接要求学生应该做什么，不能做什么。这样的班会课，对学生来说是无趣的，有压迫感和约束感。我的班会课为什么不能是有趣的呢？原因是我没有全面考虑学生心理发展的特点，没有进行系统的设计，没有把它当作一个课程。零散的、随意的、不系统的班会课，无法很好地、愉快地、有效地达到教育目的，最终导致班级管理低效。

班会课是学生展示自我的舞台，也是老师与学生沟通交流的好机会。一节好的班会课不在于形式，而在于学生是否能从中有所体会，有所收获。我们要尽可能地让班会课发挥德育教育功能，助力学生的健康成长和全面发展。

第二章　引悟育人

我成了特邀嘉宾

下午,我走进教室,看到许多学生在班级的电脑前操作着,心中感到疑惑。上前一看,原来学生正在将自己的课件拷贝到电脑上。询问缘由,学生兴奋地说:"老师,我们第二节是品德课,有小组展示交流活动,现在在准备呢。"

第一节语文课下课后,一位学生突然对我说:"老师,您等下有空吗?等下品德课您可以留下来吗?我们品德课有小组展示活动,您可以留下来看一看吗?"话音刚落,周围的学生纷纷附和,一起对我发出了盛情的邀请。一种意外的惊喜涌上心头,那滋味暖暖的好舒服。其实这样的邀约已经不止一次了,能走进学生的心灵,被认同,被需要,我感到幸福。

这让我想起了我被邀请参与上周四的音乐课的事。事情是这样的:上周四下午进入教室,我看到了一架古筝安静地放在讲台上,没等我询问古筝出现的缘由,钦凤同学就拉住我的衣角,问:"老师,等下音乐课您可以来教室吗?李炫潼要弹古筝,您来听下好吗?""哦,原来是炫潼要弹古筝,我有空就来。"我回答道。结果因为别的事情耽搁了,我没有去听。放学时进入教室,学生带着疑惑和遗憾的表情询问:"老师,您刚才怎么没来啊?""哎呀,太可惜了,您没有听到李炫潼弹的古筝曲，可好听了。""真是太遗憾了，您不知道，炫潼在表演的时候还很搞笑，他一边弹，一边看我们，还做鬼脸，好好笑。""对啊，太可惜了，我们还有口风琴、葫芦丝乐器表演。""老师，您下周四有空吗？我们还会继续表演，您一定要来啊！"看着学生一副惋惜和期待的表情，我真的很后悔，后悔没能来享受一场视听盛宴，我决心下周一定要来。今天，学生再一次向我投来橄榄枝，为了不让自己失信，满足学生的愿望，我便欣然答应了。

上课铃声响了，我如约而至，坐在教室后面欣赏学生的表演。今天展示的主题是"黄河"，分四个小组进行竞赛展示，每小组有八分钟的时间。第一小组展示的是黄河的概况和历史。第二小组展示的是黄河的"功"。第三小组展示的是黄河的精神。第四小组展示的是黄河的"过"。各小组通过课件、手抄报、打印的图片、摘抄的资料、小品表演等方式展示。课堂上，学生学习兴趣浓厚，笑声连连。这一节课，在四个小组展示的过程中，我既充当了听众，也充当了学生，对他们的提问我也积极回答。课堂临近结束时，我竟被作为特邀嘉宾进行点评。点评很受学生欢迎，他们听得非常认真。这特别的经历让我倍感幸福。

"寓教于乐"，把教育寄予在乐趣里，一直是我们为激发学生的学习兴趣而试图攻克的难题。我想，教师要做到寓教于乐，首先要给学生创造快乐的环境。我们要把教学内容趣味化、丰富化、多样化，才能吸引学生，将枯燥无味的讲解，变成学生的活动展示，就会给学生带来快乐。其次，要让大家一起参与其中，乐在其中。让学生在活动中参与搜集资料,准备课件,展演讲解,才能真正让学生进入学习、发生学习、创新学习、享受学习。

我常想,教师的职业幸福到底是什么?学生才是我们工作的对象,我们应从他们身上感受职业的幸福。教师的幸福其实很简单——它就在课堂上学生闪亮的眸子里,就在学生发展的智慧里,就在学生成功路上沉甸甸的收获里,就在每位学生健康成长的过程里。

阳光引悟教育学园

小小儿歌用处大

儿歌,是以儿童为主要接受对象的具有民歌风味的简短诗歌。在低年级教育教学过程中,有效运用儿歌能起到促进教育教学的作用,甚至达到事半功倍的效果。

一、良好习惯培养

心理学的研究表明:积极主动的情绪可以提高活动效率,起到正向的促进作用。愉快的情绪往往容易使学生形成规则意识并愿意遵守规则。在常规教育活动中,首先要为学生创设一种轻松、愉快的环境,采用学生感兴趣的形式,寓教于乐,让他们在轻松、愉快的情绪中形成初步的规则意识。儿歌以短小精悍、通俗易懂、朗朗上口的特点深受孩子的喜爱。特别是小学一年级,是良好学习习惯养成的关键期。上课该怎么做,不该怎么做,需要老师的引导和教育。在进行教学常规管理时,我们把一些常规要求编成短小的儿歌,和学生一起来做一做、念一念,帮助学生记忆,使他们在潜移默化中养成良好的学习习惯。

例如:"小眼睛亮晶晶,上课专心听,开动小脑筋,做个小精灵。"每当念完此儿歌,一些正在走神的学生就会很自觉地坐正,重新认真听讲。还有"小嘴巴,闭起来","一二三,坐端正","小耳朵,听一听"等儿歌,也能让学生更加专心地听讲,养成良好的听讲习惯。

二、有效课堂管理

课堂是教学的主阵地,课堂管理得好,有助于营造一个良好的教学环境,使教师能够有效地组织教学。

近日在参加附小组织的培训学习过程中,我有幸聆听了一年级(3)班胡老师讲授的"汉语拼音 7"课程和一年级(4)班罗老师讲授的"复韵母:ai ei ui"课程。这两位老师的课堂的最大特点就是运用儿歌进行课堂教学管理。例如:学生上课前诵读"铃声响,进课堂,学习用品摆整齐,静等老师来上课"。这样简单有节奏的儿歌能使学生们迅速安静下来,准备上课。教师强调上课发言纪律,让学生诵读"要发言,先举手,老师不叫不开口",促使学生养成有序发言的习惯。为了培养学生的专注力,让学生上课认真听讲,运用儿歌"小嘴巴,不说话!小眼睛,看老师",能迅速让学生养成专注的习惯。课堂中穿插的这一系列儿歌,能让学生在不知不觉中养成认真听讲的好习惯,从而学会学习。

课堂的组织管理方式有很多,根据低年级学生活泼好动、注意力容易分散等特点,选择学生喜欢的儿歌,既符合学生的年龄特征,又能让课堂管理变得轻松容易。

三、学习兴趣激发

兴趣是最好的老师。儿歌以其语言美、韵律美、简洁美为低年级学生所喜爱。在小学低年级数学教学中,教师如果能依据学生的生理和心理发展特征,采用一些儿歌帮助教学,化复杂枯燥的符号为简单有趣的知识,将有利于激发学生的学习兴趣,让学生在轻松愉快的氛围中爱上学习。如何让天真活泼、纯洁无瑕的学生兴趣盎然地投入语文学习中?儿歌,作为一种符合儿童认知特点和极具欣赏趣味的最本真的诗歌形式,可以在低年级语文课堂上放光发热。

胡老师在引导学生记忆拼音"z、c、s"时,出示儿歌口诀"写字写字,zzz;像个2字,zzz","小小刺猬,ccc;半个圆圈,ccc","春蚕吐丝,sss;半个8字,sss"。学生在诵读这些朗朗上口的口诀时,就快速记住了知识,活跃了课堂气氛。类似这样的拼音儿歌还有很多,枯燥无味的符号,注入诗情画意的语言后,能使学生感到学拼音很有意思,也能让学生学习起来感到更轻松、更快乐。一首首短小精悍、鲜明生动的儿歌,蕴涵着丰富的知识。把儿歌引入语文课堂中,让学生一齐诵读,边玩边学习,其乐融融。

高效课堂、和谐快乐的班级氛围,是我们每位老师的理想。在低年级教学和管理中,收集和积累各种教学儿歌,并在课堂上加以运用,让小儿歌发挥大作用,可以促进学生高效学习。

第二章 引悟育人

班主任的基本功

班主任如何做才能更好地提高自身素质,做好教育工作?我认为有以下几点。

一、广泛阅读

李希贵说:"教育是与读书连在一起的,书是最重要的教育资源。"为人师,我们深知阅读的重要性,这不仅是社会对教育的要求,也是学生个人成长的需求。因此,我们常常通过各种方式助推学生广泛阅读。但是,我们也不能忘记了自身的阅读,不能忽略了自身专业素养的提高。

很多教师都有阅读的想法,却没有落实到行动上。实际上,一切缺乏执行力的想法都是空想,终将一无所成。我们要克服重重困难,广泛阅读。我们应该怎么读书,读什么书呢?首先,读书要有目的性,要提高认知效率。其次,读书要有针对性,找到合适的方法解决教育教学问题。最后,读书还要读源头书,从源头上知理论,才能指导实践。阅读的书籍应涵盖教育理论、哲学、美学、心理学、教育技能、管理技巧、小说、杂志等方面,杂取百家,才能融会贯通。

"问渠那得清如许,为有源头活水来。"读书,可以为班主任队伍注入"活水"。当然,读书不是目的,只是一种手段。教师通过读书可以使自己丰富起来,深厚起来,深沉起来,使自己变得更扎实,在教师专业发展的道路上走得更远。

二、改变心态

班主任的心理健康是受多方面影响的,如成就感、归属感、教学成果等,但大部分的情绪波动来自学生。所以,班主任应认清自己的工作特点,找准自己的位置,改变自己的心态,从教育中寻找快乐。

对学生出现的问题应正确对待,保持一颗平常心。学生是未成年人,他们在身心发展上的差异很大。学生犯错误,是他们成长过程中不可避免的事。班主任要理智地对待学生存在的问题。班主任应像医生对待病人一样,给学生以理解、同情和帮助,而不是排斥他们,嫌弃他们。成熟的班主任懂得加强学习,不断提高自身素质,更新观念,采取正确的施教方法,不任意训斥学生,不伤害学生。

班主任要着眼于学生的发展。班主任不要把学生犯错这个问题看得太严重,对学生横加指责,而应持积极、乐观的态度对学生加以引导。要尊重学生,想方设法发挥学生的主体意识,促进其成长。不要事事都管、要求过严,否则就会出现控制与反控制的矛盾,影响师生的心态。

我以前常常将学生出现各种不正常状况的原因归结于学生自身或家庭教育,却很少从自己身上找原因。一番抱怨之后,还是按照原来的教育方法去教育学生,结果总是不尽如人意。"要改变学生,要先改变自己的心态。"每位学生都成长于不同的家庭,都会有自己的个性特点。老师面对不同的学生,首先要摆正自己的心态,因材施教。我们面对每位学生,都以积极乐观的态度去对待,用心去教育,这样教育才会事半功倍,充满乐趣。班主任要经常反思自己的教育行为,及时改进自己。要记住,发脾气不能解决问题,反而会增加解决问题的难度,给自己平添许多麻烦与苦恼。

三、学会沟通

作为一名班主任,沟通是必不可少的。我们不仅要跟学生沟通,还要跟家长沟通,但如何沟通才是良好的沟通,才是有效的沟通,这是我们不可忽视的问题。我认为,与学生沟通首先是倾听,其次是营造一个良好的氛围,还要用一种平静的心态,消除学生内心的戒备。每个人都是有情感的,每个人心底都有一个需要温暖的地方。只有走进学生的心灵,才能架起师生沟通的桥梁。因此,在沟通的时候,不能出现语言暴力,不要进行不合理的比较,也不要强人所难。会沟通的班主任往往拥有独特的人格魅力,他们能让学生敞开心扉,开怀畅谈,让学生接受老师给予的帮助,并从内心深处努力改变自己。

爱是教育的灵魂。班主任不仅要学会沟通,还要学会爱,要爱教育,爱学生,爱自己。会爱才会教,要学会爱才善于教。

阳光引悟教育学园

以读促悟，读中感悟

一、在引读中想象诗歌的画面

教授《和我们一样享受春天》（人教版语文四年级下册教材）这首诗，重在指导学生有感情地朗读，体悟诗中的思想感情。学生通过前面几篇文章的学习，已经感受到了战争的残酷，明白充满血腥的战争打破了世界和平，也感受到了罪恶的战争使孩子失去父亲的那种极其悲痛的心情，为接下来学习《和我们一样享受春天》这首诗歌，体会诗人所表达的憎恨战争、维护和平的情感奠定了一定的基础。

想象是语文学习的重要方法。在这篇课文中，有这样的话语："蔚蓝色的大海，本来是海鸥的乐园"，"金黄色的沙漠，本来是蜥蜴和甲虫的天下"。在引读的基础上，我着重引导学生展开想象：大海本来是什么样的？现在又是什么情景？沙漠本来是什么样的？现在又是什么情景？通过想象，学生能够了解到战争让本来安宁的自然世界变得喧嚣而残酷，自然也就了解了战争给自然社会带来的灾难。

因为文本容易理解，加上有前期的情感铺垫，所以在教学中，我借用图片和文本的资料，采用补白的教学策略，让学生想象画面，放手让学生自学。学生读诗歌，说句意，谈感受，兴趣盎然，达到了以读促悟的学习效果。

二、在朗读中体悟诗歌的情感

《义务教育语文课程标准》指出:"阅读教学应引导学生钻研文本,在主动积极的思维和情感活动中,加深理解和体验,有所感悟和思考,受到情感熏陶,获得思想启迪,享受审美乐趣。"学生只有走进文本,才能感悟文本。这首诗歌情感强烈,富有感染力,饱含着诗人对战争的无比憎恨,对和平的无限渴望。因此,引导学生体会诗人的情感,激发学生憎恨战争、维护和平的情感是本课的教学重点。

1. 以情动情

教师丰富的情感、饱含激情的引读、抑扬顿挫的语调是唤起学生情感的号角。这堂课上,我激情澎湃,朗读一句句悲愤的语句,如:"绿茵茵的草地,本该滚动着欢乐的足球,可是如今散落着地雷碎片阻挡着孩子们奔跑的脚步,这究竟是为什么?"朗读一声声觉悟的呼唤,如"我们希望,我们祈盼——",把学生带入了诗歌所描绘的情境中,点燃学生情感体验的火花。

2. 学生带着感情读

有读才能有悟。课堂上,我先有激情地朗读诗歌的前四节内容,展现美好画面与遭到破坏的景象,引发学生的想象和对战争的不满。接着引导学生朗读句子"这究竟是为什么?",指导学生读出质疑、悲愤、质问、控诉、抗议的情绪。然后让学生选择诗歌片段,深入地读一读,用心体会,说说自己的感受。最后让学生把自己的感受融入朗读中,在朗读中表达自己的思想情感,读出维护和平、制止战争的心愿。通过朗读,让学生们知道,这不仅仅是疑问,更是一种对战争的控诉、一种对战争的抗议。这样,朗读促进了学生对课文内容的理解,理解又深化了学生的朗读,二者真正起到了相辅相成的作用。

语文课只有"情"的激发,没有"理"的启迪,师生的"情"往往会失去依托。这节课上,师生不仅有情感的互相激荡,还有思想的互相碰撞。短短的四十分钟里,热爱和平、珍惜当下的信念在学生心里生根发芽。

第三章　引悟实践

　　学习是生活的,生活是体悟的,体悟是快乐的。阳光引悟教育致力于把学习变成快乐的生活,其实施路径是在实践中引悟,在活动中育人,在体验中成长。

　　阳光引悟教育努力让学生拥有阳光的心态,并把阳光的心态转化为阳光的行动,让学生自主自信,合作奋进,乐观向上。

运动绽放少年光彩

我有一个小小的梦想,它并不高远,正等待着我去实现。我勤奋训练,不断超越自我,期待站上舞台,展现自己的风采。

一、刻苦训练

时光飞逝,在学生的期待和呼声中,一学期一届的运动会终于拉开了序幕。本届秋季运动会学生可参与的项目有一分钟跳绳、花样跳绳、男子足球、男子篮球、女子篮球。活动宣布完毕,我让学生自主选择意向项目。他们可以利用课余时间练习,然后再根据实际情况,结合自身兴趣和能力确定报名项目。

校运会开始前的准备阶段,学生们练习得热火朝天。花样跳绳项目由班长组织训练,队员们利用课余时间讨论编排样式,反复练习。为集体争光的使命感促使他们团结一心、奋发向上。他们双腿跳累了,嗓子喊哑了,也不抱怨,积极克服困难。操场的另一边还有一处别样的风景,那就是足球项目组和篮球项目组。尽管天气寒冷,但是汗水早湿透了他们的衣衫,他们依然在操场上练习着,奋勇拼搏着。

全体运动员都想在本届运动会上一展英姿,为班级夺得荣誉。

他们心怀梦想,勇敢前行。我要为他们加油鼓劲,做他们的支持者。

二、奋勇拼搏

校运会在鼓号声中正式开始了。开幕式上,每个班级都排着整齐的队伍,雄赳赳、气昂昂地走过主席台,展现了昂扬的面貌和向上的风采。我们班也不例外,大家喊着"奋勇拼搏,展现自我"的口号,手持足球、篮球形状的气球,昂首阔步地走过主席台,很有精气神。

在运动场上,不论是预赛还是决赛,不论是个人比赛还是团体比赛,运动员们都奋力拼搏。其中,足球决赛可谓是惊心动魄,场上的运动员们一马当先,传球、运球、踢球、守门,配合得恰到好处。面对强大的对手,他们无所畏惧,勇敢向前。赛场外,加油喝彩声不绝于耳。他们那奋勇拼搏的模样刻在我们心里,那奋发向上的精神让我们称赞。

我们班取得了花样跳绳项目一等奖的好成绩。这令人欣喜的结果离不开每一位参赛运动员的努力。他们齐心协力,团结一致,为班级争光。一分钟跳绳比赛项目,许多学生充分发挥了自己的实力,在短短的60秒内顽强拼搏,超越自我。运动员们并没有因为足球比赛的失利而气馁,反而更有拼劲儿,最终取得了篮球比赛项目第一名的好成绩。

在本届校运会中,学生们展现了个人体育竞技能力,展现了良好的班级风貌,展现了顽强拼搏、坚持不懈的体育精神,我为他们感到骄傲!这正是我们努力奋斗、阳光向上的班集体的写照!

三、留下美好

各项比赛在学生的加油呐喊声中结束了,运动会也在夕阳下落下了帷幕。这一天,有许多美好的事情,值得我们用心去记录,学生们也都写下了自己的感受,我选取了部分优秀的习作附于文后。

四、在感动中前行

在星期一的升旗仪式上,学校举行了第七届校运会颁奖仪式。我们班获得了诸多荣誉,有沉甸甸的奖杯,也有金灿灿的奖状。学生们开心极了,都为班级取得的成绩感到骄傲和自豪,更为自己的付出和收获感到欣喜。

这届校运会在每一个人的心目中留下了美好的记忆。比赛虽然落下帷幕,但我认为还不能就此结束,反思和总结可以促使学生们进步。我们要学习的是昂扬向上、奋勇拼搏的运动精神,并要将其发扬光大,用于学习和生活的方方面面。教育藏在生活的点点滴滴里,教师要善用教育智慧,抓住教育契机。于是,我借机召开了主题为"不忘初心,奋勇前行"的主题班会。在班会上,我首先请学生们分享自己对本次校运会的感受。

钦凤说:"最让我感动的是我们班的花样跳绳队。每天放学时,十位同学都在刻苦训练。我们都离开操场了,她们依然留在那里,不知流下了多少汗水,付出了多少精力。她们一直努力坚持着,最终在比赛中完美夺冠。她们刻苦训练、奋力拼搏的样子,令我感动。"

第三章　引悟实践

炫潼说:"最让我感动的是足球运动员们,他们平时训练非常认真刻苦。去年对战五(3)班,以0比3的结果惨败,或许那时他们就已经下定决心,要战胜五(3)班,证明自己。为了这次比赛,他们努力训练了一个学期。尽管最终没有取得胜利,但也与五(3)班不相上下,实力相当。他们奋勇拼搏的精神值得我们敬佩。"

咏欣说:"在整个运动会比赛过程中,我们班的啦啦队员时刻为场上的运动员们加油喝彩,这体现了我们班团结友爱的精神风貌,这种精神让我很感动。"

……

感动的故事在传播,感动的情绪在蔓延。我们互相感动着,学习着,喝彩着。我为他们感到骄傲!因为他们关心班集体,热爱班集体。

接着我问学生们:"今后打算如何做?"大家都说要把这种体育竞技的顽强拼搏精神运用到学习当中,下定决心将自己的坏毛病改掉。开歆同学最先表态。她书写不工整,以前自己都不在意,这次校运会之后,她下定决心,要努力改变自己的字体,争取写一手漂亮的字。

这次校运会不仅让我们展现了班级风采,而且让我们收获了比取得第一名更珍贵的精神品质,那就是:团结友爱,奋勇拼搏!希望全体学生能够继续努力,心怀梦想,不忘初心,带着感动前行,绽放生命的光彩!

阳光引悟教育学园

附：

校运会

杜钦凤

冬天来了,我校第七届运动会吹响了号角。经过老师和同学们一个多月的准备和努力,校运会在 12 月 8 日这天准时召开。

(一)排兵布阵

早晨,我们整理妥当后就排队到操场进行紧张的开幕式训练。走出教室,我冷得瑟瑟发抖,但我已经顾不上这点小事,因为激动人心的校运会马上就要开始了。排好队,拿着入场的气球道具,我的内心好奇又激动,忍不住对它们左拍拍,右拍拍,直到老师带领我们走向入场等候区才停手。开幕式进入倒计时,我们紧张地练习原地踏步,体育委员在前方喊道:"原地踏步,走!一二一,一二一……立定!"

"一二!"我们严格按照口令做着动作,确保整齐划一。大家跃跃欲试,准备好随时上战场。

(二)惊魂一刻

练习结束,离我们班出场还有一段时间,老师趁机给我们每个人拍了照片,拍完后就轮到我们上场了,大家跃跃欲试。就在这时,有同学的气球漏气了,老师赶忙跑到办公室拿备用道具。入场迫在眉睫,同学们都十分着急。万幸的是,当大家踏上操场跑道时,老师终于回来了,成功化解了危机,稳定了大家的情绪,这个小插曲可真是有惊无险。

第三章　引悟实践

（三）欢乐跳绳

开幕式结束，我们便开始了跳绳比赛的赛前练习。当我跳得筋疲力尽时，一位家长志愿者走来，提醒刘老师快到我们班了，让大家做好准备。于是，刘老师立刻安排我们回到座位上，先稍做休息，保存体力，再前往跳绳比赛地点。一番休息调整之后，我感觉神清气爽，轻松了许多。到了赛场上，我们按序站好，自行调节了绳子的长短，比赛就开始了。起初，我跳得还不错，可是后来，我感觉绳子越来越重，动作也越来越吃力，结果，我跳出了个人历史最差纪录——130个。我有些沮丧，但大家都安慰我重在参与，体验了过程就是一种快乐。我便调整心态，坦然接受了这样的结果。一分钟跳绳比赛结束后，我们去观看了花样跳绳比赛，参赛运动员那优美的身姿使我浮想联翩：她们像一只只蝴蝶飞舞在山涧之中，像一只只天鹅舞动于水面之上……看完后，我的心情变好了许多。

（四）足球惜败

花样跳绳比赛结束，紧接着又迎来了足球比赛，班里的足球小将们个个英俊潇洒，斗志昂扬。对阵的班级也不甘示弱，气场强大。前半场两个班不分胜负，到了下半场，对方使用了声东击西的策略，使我们班的守门员判断失误，被对方进了一个球。见此情形，我方队员提高警惕，更加努力地进攻、防守，但半小时匆匆而逝，最后以 0 比 1 的结果战败。我们班的三位运动员因自责而哭了起来，对方队员见此情景，纷纷过来安慰他们，这也让我深刻感受到"友谊第一，比赛第二"的体育精神的真谛。

（五）感慨万分

不知不觉中,校运会在激烈紧张的气氛中结束了,许多同学都恋恋不舍。在本届校运会中,大家发挥了自己的实力,突破了自己的极限,弘扬了"友谊第一,比赛第二"的体育精神,也体会到了"我运动,我快乐"的体育精神。

不得不说,这真是充实、紧张、大有收获的一天!

校运会

黄珊

初冬,迎着温暖的朝阳,吹着缕缕清风,我期盼已久的秋季校运会终于到来了。

清晨,同学们身着整齐的班服,手执各种各样的道具,神采奕奕。随着音乐响起,各班依次入场,同学们面带微笑,昂首挺胸,踏着整齐的步伐,朝气蓬勃地走过主席台。我们斗志昂扬的口号声,展现出了最好的班级风貌。就这样,运动会正式拉开了帷幕。

男子足球冠亚军争夺赛开始了,我们班对战五(3)班。随着裁判员一声令下,整个赛场沸腾起来,加油声此起彼伏。队长黄彬如猛虎般飞奔在前,桂子阳时时刻刻紧盯着球,用敏捷的双脚将其控制在我们队中,不给对手留丝毫的机会。却不料,一位虎视眈眈的对手瞅准时机把球抢走了,我们的前锋迅速飞奔着去抢球。但强大的对手势不可挡,以巧妙的球技控制着足球。突然,一个飞球飞过来,守门员一时疏忽,被对方进了一个球。这时,我们班啦啦队员的加油声一浪高过一浪,球员们更是全神贯注,团结一致,严防死守。在这样的密切配合下,对手在后半场一球未进。遗憾的是,球员们虽然尽了自己最大的努力,但还是没有进球,最终以0比1的成绩与冠军擦肩而过。

这次比赛,磨炼了球员们的意志,激励他们要更加努力,奋勇拼搏。虽然他们没有夺得第一,但他们挥洒的无数汗珠,凝聚成了坚持、努力、团结的力量。他们早已是我们心目中的冠军!

时光飞逝,不知不觉,夕阳在天空这块画布上染上了红色,结束了这充实又难忘的一天。

润物细无声——班级文化的力量

班级是学生共同学习、相伴成长的天地,它应该是一个有文化,有魅力,有意义的乐园。班级文化具有一种无形的教育力量,潜移默化地影响着学生的成长。我们用良好的班级文化氛围来熏陶学生,期待这种熏陶能提升学生的素养。

班级的公布栏,及时公布学校和班级的相关事务,能够帮助大家更好地了解班级,遵守规则,做班级的小主人;散发着书香气息的"书香小屋",吸引着学生去阅读,让他们懂得从书本中汲取营养;柜子上一排赏心悦目的小花,让学生学会感受美,欣赏美,爱护美,创造美;"五谷天地"让学生认识谷物和农耕用具,切实地接受勤俭节约、珍爱生命的美德教育;展示栏里展出的"我的新学期·新目标",让学生时刻牢记勤奋学习、拼搏进取……

"随风潜入夜,润物细无声。"优美的学习环境是一种无声的教育,给学生增添了生活和学习的乐趣,陶冶了他们的情操。我们要加强班级文化建设,营造良好的育人环境,让班级的每一面墙都有声、有色、有味、有意义,促进学生阳光成长。

第三章 引悟实践

班级文化角

阳光引悟教育学园

搭建舞台，放飞理想

不知不觉间，看着学生从懵懂无知的小孩，成长为有独立自主意识的小少年，我感慨万千！我希望他们快乐长大，充分享受这天真烂漫的花样年华；我希望他们学得愉快，充分汲取那浩瀚书海中的丰富营养；我希望他们放飞理想，充分展现那令人骄傲的少年才华。

魏书生曾这样说过："班级像一个大家庭，同学们如兄弟姐妹般互相关心着、帮助着、鼓舞着、照顾着，一起长大了，成熟了，便离开这个家庭，走向了社会。"作为班主任，我一直都在思考如何把班集体这个大家庭建设好，带领好，使其成为有共同目标，有组织核心，有旺盛士气的集体。我认为，班干部就是这其中的一份核心力量。所以，担任班主任以来，我把班干部竞选安排在了每学期的第一周的班会课上进行。这一届班干部竞选和往届一样，竞争激烈。其中，班长一职的竞选让人忍不住拍手叫好，选手们的发言准备充分，他们充满自信，表达流畅，有奉献的决心……而工作又苦又累的体育委员一职，也成了抢手的香饽饽，居然有七八位同学参加竞选，这让我深感意外。班干部设立的目的，从管理学上说是协助班主任管理好班级，但从教育学上说是培养人和发展人，让班干部在工作中锻炼自我，成就自我。我希望班干部在工作中提升自我,放飞理想;我希望在这个大家庭里,学生之间能相互关心、相互帮助,一起阳光成长!

附:

竞选发言稿一:陈开歆同学竞选班长

尊敬的老师、亲爱的同学们:

大家下午好!

今天秋高气爽、阳光明媚,是一个好日子!我很荣幸能站在这个舞台上进行班长竞选演讲,此时此刻我感到非常自豪和骄傲!

班长是班级的代表,同时也是老师的好助手、同学们的好榜样。我不敢说我是最好的,但我敢说我能竭尽全力,用我的责任心,带上大家的支持与努力,与同学们携手走向成功的未来!

首先,我有信心当好班长,我努力学习,争当表率,在集体中有一定的威信和影响力。其次,我有管理班级的能力,敢于负责,乐于奉献。如果我能够担任班长一职,那么我一定会任劳任怨,严于律己,努力帮助同学们提高各项能力,让我们班成为全年级的佼佼者。另外,我活泼开朗、热爱集体、团结同学、乐于助人,我会努力调动班委成员的积极性,使每个班委成员扬长避短,互促互补,形成拳头优势,发挥好组织引领作用。

虽然我不是最优秀的,但我一定会努力的。假如我落选了,我也不灰心,将继续为班集体贡献力量,做力所能及的事情。

阳光引悟教育学园

请同学们为我投出宝贵的一票,谢谢大家!

陈开歆
9月13日

竞选发言稿二:黄珊同学竞选班长

尊敬的老师、亲爱的同学们:

大家下午好!

今天,我很荣幸地站在这里竞选班干部。此刻,我既激动又紧张!我要竞选的职位是班长。

我的优点有尊敬师长,团结同学,热爱班集体,懂礼守纪等。但人无完人,我也有缺点,如办事效率有待提高。日后请同学们积极指出我的缺点,我一定会努力改正。

我深深热爱着这个优秀的班集体,尊重这里的每一位老师和同学。假如我当选班长,我会更加以身作则,当好老师的小助手,协助老师做好班级工作,为老师分忧解难,比如:在大扫除中进行合理分工;鼓励同学们积极参加各项活动。我也会努力当好同学的好帮手,在同学遇到困难时,我会伸出援助之手。我有信心带领全班同学更上一层楼,走向美好的未来!

假如我没当选班长,我也决不气馁。我会总结原因,提升自我,做好自己的本职工作,协助班委完成好各项任务,为班争光!

最后,我为大家讲一个典故——完璧归赵。战国时,赵王得到了一块美玉和氏璧,秦王却想占为己有。那时秦国强,赵国弱,赵王不知如何是好。这时,蔺相如用自己的聪明才智帮赵王说服秦王,使赵王重获和氏璧。在这里,我希望班干部们也能学习蔺相如,发挥出个人所长,为班级多做贡献。

希望大家能为我投出手中宝贵而睿智的一票!谢谢大家的倾听!

黄珊

9月13日

阳光引悟教育学园

爱是教育的阳光

班上有位学生叫小兴,他是个让人看一眼就非常难忘的小家伙:身体单薄,全身脏兮兮的,眼神却澄澈清明,装满了倔强与叛逆。他生活在单亲家庭,又是留守儿童,平时和爷爷住在一起,缺乏父母的关爱。

刚参加工作的我就遇上这样一个棘手人物,真是头疼。他每天闯祸最多,拿笔画别人的本子,上课把鞋子脱掉,下课滚地板,等等。无论怎样教育他,他也不会说一句"我错了"。他对待所有老师的态度都是高昂头颅,目光充满着不信任,眼珠子滴溜溜地转,每时每刻都在思考怎么找借口帮自己开脱。起初,我被他的这种态度气坏了,时常在想:这哪里是一个二年级的孩子该有的表现?

在不知所措时,我将他带到了校长身旁,期望校长能帮我解决困难。校长安抚过我之后,亲切地和他聊天,只字不提他犯的错误,这让我很惊讶。后来校长告诉我:"贪玩是孩子的天性,不是每个孩子一开始就阳光开朗,遵纪守规的。我们首先要让自己心态阳光,才能让阳光照进孩子的心里。"校长的一席意味深长的话引起了我的深思,我开始用更加阳光的心态对待小兴,并且有意地在生活中发掘他的优点,用教育的阳光照耀他成长。

就这样,我慢慢发现了他的闪光点——他很聪明,思维敏捷;也很爱劳动,乐于奉献,打扫卫生、倒垃圾从来不在话下。之后,我每天都用爱的目光去关注他。渐渐地,他变了。也许他明白了老师并不嫌弃他,感受到了老师对他的爱,甚至发现老师对他比对其他学生还上心。有一天,他又犯错了,我没有责备他,只是轻轻地摸着他的头对他说:"小兴,你又犯错了,老师知道你不是故意的,只是有时管不住自己,对吗?只要你知错能改,老师是不会责怪你的。"这一次,他不说话,把头低了下来,我明显看到他眼角湿润了,但他倔强地克制着,不让眼泪流出来。

经过一年多的培育,阳光终于照进了小兴的心里,改变了他的言行。他懂得认错了,虽然经常是犯了改,改了又犯,但是我已经非常欣慰。因为他终于听我的劝告了,班级里面也因为少了这样一个"混世魔王",而变得更加融洽和谐。现在,小兴担任着班级的劳动委员,每天最早到校,最迟离开,把班级卫生打扫得干干净净,同学们也慢慢和他成了好朋友。

爱存于心,爱在于行!让我们把爱心化成教育的阳光,照亮学生的内心,照耀学生健康成长的道路。

拨动情弦，以爱化之

身为人师，肩负着育人的使命。如何育人，是我一直思考的问题。

刚走上教师岗位时，我就写下了《爱，是教育的灵魂》一文，阐明了教育因为有爱，才能使花更艳、草更芳的道理。几年来，我始终将"爱是教育的灵魂"这句话作为自己的座右铭，时时提醒自己要用爱去教育每一位学生，去感化每一位学生的心灵。实践证明，因爱而生的多种教育方法，可促使具有不同个性特点的学生发生不同程度的改变。

小颖是班级里的一位活泼的女生。可是在学习方面，她令人头疼。上课时，她总是神游窗外或者昏昏欲睡。做作业时，她往往慢如蜗牛，磨磨蹭蹭，不肯动脑也不肯动笔。她就这样在混沌中度过了前几年的校园生活，学会的知识与技能屈指可数。我无数次跟她交谈，可丝毫不见效，根本拗不过她那颗爱玩的心。

经过了解，她父亲对她的成长比较关心，可忙于工作，没有足够的时间耐心教导她；她母亲也比较着急，可也忙于工作，没有好的教育方法来教导她；她还有一群宠溺她的亲戚，对她的个人愿望都尽可能满足。种种因素导致她只热衷于吃喝玩乐，将学习抛之脑后。我

第三章 引悟实践

害怕她什么都不会,没有学习的能力,便用师长、朋友般的关爱来帮助她,引导她。我希望她能学会做人,学会学习,知错就改,积极要求进步,做一个人见人爱的好孩子。她口头上答应得很好,但实际上却是"勇于认错,始终不改"。我也曾和她爸爸进行多次沟通,结果依然无济于事。她照旧是不能自控,没有长进。一次次的无效努力之后,我心灰意冷,对她几乎失去信心了。但冷静下来思考,作为老师,我不能就此放弃她,更不能因为一点困难就退缩。我不能这样对待懵懂无知的学生,要尽最大努力去改变她,影响她!

为了让她认识到自己的不足,立志做个好学生的目标,我又采取了很多措施。我在谈话中询问:"你想改正错误吗?想做一个讨人喜欢的孩子吗?你认为要怎样做才好呢?"她回答说:"我今后一定要努力学习,认真完成作业。""那你可要说到做到哟!我看好你。"我鼓励地说道。后来,她在学习上开始有了些许进步。每一次进步,我都及时表扬她、激励她,让她处处感受到老师对她的关心。慢慢地,她明确了学习目的,端正了学习态度。为了进一步提高她的学习成绩,我除了在思想上教育她,感化她,还特意安排了一个有责任心、能力强、乐于助人的女同学帮助她,目的是发挥同伴帮助的力量。尽管她遇到了很多阻碍,但我还是不断激励她坚持下去。我不断引导小颖克服内心的懒惰情绪,克制好玩好动的浮躁心理。经过一段时间的努力,小颖的学习积极性提高了,成绩也有了很大的进步,受到老师和同学们的一致称赞。为此,我感到由衷的高兴。我想,只要拨动情感的心弦,用爱心和耐心去感化学生,他们一定会进步的。

爱是教育的灵魂。教师在教育学生时,首先要与学生建立一座心灵相通的爱心桥梁。对于小颖这样的学生,要敞开心扉,用爱去触动她的心弦。"动之以情,晓之以理",用感情去温暖她、感化她,用道理去教育她、说服她,使她主动认识错误并改正错误。其次,同学的支持和关怀也能帮助她健康成长,给她带来快乐。

毕业时,小颖在给我的留言本上写下了这样一句话:"老师,谢谢你没有放弃我。"我看了后既感动又感慨。为人师,只有捧着一颗爱心,真心对待学生,才能和学生的灵魂产生激烈的碰撞,擦出灿烂的火花。

第三章 引悟实践

亲 近 自 然

假期里,我进行了一次亲近自然的踏青之旅。

早晨,我背上早已准备好的行囊,来到马峦山脚下,便迫不及待地往山上走。在瀑布潭边坐下休息时,我看见水面上反射的光和风吹拂树叶一闪而过的影子,马上联想到"浮光掠影"一词;看见水面在阳光的照射下闪闪发光,马上联想到"波光粼粼"一词;看见树叶飘落在水面上,马上联想到"漂浮"一词,顿时不禁感慨"大自然真是个学习的好地方"!亲近自然,我们可以更直观地了解和感受中华汉字的丰富内涵。学生在学习词语时,单单听老师解释,单单看词典的释义,想必感受是不深刻的。所以,学生只有多亲近自然,才能够学得更多、更深。正所谓"读万卷书,不如行万里路"!

由此,我很自然地想到了"游学"一词。"游学"是指离开自己熟悉的环境,到另一个全新的环境里进行学习和游玩,既不是单纯的旅游也不是简单的学习,而是一种潜移默化的学习。

现在,大多数学校都会组织春游活动,让学生亲近自然,感悟自然,提高独立生活的能力。我想,待时机成熟,何不将春游巧妙地改成游学,时间可长可短,距离可近可远。这样的出游一定会更有价值,更有意义!

每到假期,我总建议学生多到大自然中玩乐,感受大自然的美好,希望他们能在体验、体悟中成长。虽然他们感悟到的可能不是很多,但一点一滴也会受益无穷的!

第三章　引悟实践

快乐之行，收获之旅

在这阳光明媚、春风和煦的三月里，我们终于迎来了期盼已久的社会实践活动——深圳小梅沙海洋世界游。第一次和学生出游，我比学生还兴奋和激动！虽是故地重游，却别有一番滋味，只因多了一份为人师的欢乐与幸福。

大家早早来到学校，收拾一下就怀着激动与兴奋的心情踏上了海洋之旅。一路上充满了欢歌笑语，我也被这快乐的气氛感染了。在海洋世界，我们参观了水族馆、极地动物馆、海洋剧场等场馆。

这次活动让学生独立生活的能力得到了锻炼。

出发前一天，我向他们交代了出游要准备的物品及注意事项。今天，大家都准备得很好，每位学生用小书包装好自己的水壶、食物、笔记本。一路上也能照顾好自己，做到不离队，不掉队，听从安排。

学生在活动过程中懂得了分享与合作：分享自己的食物，分享自己发现的有趣事物。游玩时，互相帮忙留影。更重要的是，学生在实践中做到了文明出行：每位学生都带了一个垃圾袋，将自己的垃圾放在袋子里保管好，直到看见垃圾桶时才扔，做到了"垃圾不落地，环境更美丽","文明出行,除了留下脚印,别的什么都不留下;除了带走回忆,别的什么都不带走"。

在这次活动中,学生增长了见识,拓宽了眼界,收获了快乐,我也享受着与他们同行的幸福。

第三章　引悟实践

寻访长征路，迈向新时代

秋风徐徐，夹杂着丝丝凉意；晨风柔柔，吹动缕缕发梢。12月5日，我们怀着愉快的心情，开启了主题为"寻访长征路·迈向新时代"的游学之旅。这次我们要去的地方是深圳求水山公园。

一路激动，一路欢歌，一路畅想，时间走得真快，我们的目的地到了。

踏入求水山公园，走过长征园，学生们忍不住驻足凝望，一位位红军战士不畏艰难险阻爬雪山、过草地的情景浮现在眼前……看着那些栩栩如生的雕塑，读着那些饱含深情的文字，听着那动人心弦的讲解，想象祖国那些艰苦的岁月，一种爱国的情愫油然而生，一种奋发向上的激情汹涌澎湃。

学生们还参与了充满挑战的游乐项目：直升机、旋转天鹅、狂舞飞车、快乐瓢虫、豪华转马、海盗船、太空飞车……在惊险刺激的游戏中，大家也能做到文明礼让，相互合作，相互鼓励，相互陪伴，展现了蓬勃向上的精神面貌。

虽然时光在不经意间溜走了，但给我们留下了美好而幸福的回忆。我们体会到了客家民俗文化的特色，也收获了团结向上、进取拼搏的精神。

阳光引悟教育学园

求水山公园游学

第三章　引悟实践

乡村乡情，倾心静听

学校要组织开展"爱家乡·察村情"主题教育实践活动，这让我想起了生活在大亚湾的聪明伶俐又善于学习的你。

这个暑假，你走访了大亚湾区塘尾村，写下了精彩的游记，令我惊叹不已！这次实地调查，你锻炼了自己，提高了考察能力、信息搜集整理能力，对妈妈的娘家也有了更深入的了解。当你站在演讲台上，自信、流利地表达你的所见、所闻、所想时，我突然觉得你长大了！这次活动让你的这个暑假变得更加有意义！我愿你探索的脚步永不停歇，我盼你用慧眼去发现世间的更多美好。

附：

朱子文化浓，优良家风美
——走访大亚湾区塘尾村

黎孜

暑假期间，妈妈带我走访了她的娘家——大亚湾区塘尾村。

清朝康熙年间，原来居住在长乐县（今广东省五华县）的朱姓永秸公见子孙太多，想再找一个地方安居，于是携带家人途经惠东梁化、惠阳秋长，最后发现大亚湾区塘尾村风景优美，便买下田地，在这里安家。

塘尾村文化广场

我并不是第一次到这里,但走访却是第一次。以前都是来去匆匆,这次我可是认真地拍照,调查,记录……通过这次走访,我对塘尾村有了更多的认识。

大亚湾区塘尾村朱氏宗祠距今已有三百余年的历史,具有浓郁的客家围屋特点,已被列为大亚湾不可移动文物,是传承优秀祖德、优良家风的重要基地。近年来,塘尾村充分利用资源优势,继承和发扬朱子文化精华,全力打造和谐文明社区。

妈妈以前住的房子外墙是用泥砖筑成的,房梁是用杉木做成的,房顶上盖着层层叠叠的瓦片。走进去,你会发现一栋两层楼:第一层的地面铺了粗糙的水泥,现在已经被磨得坑坑洼洼,两张破破烂烂的床仍在那里安然不动;第二层则是由粗糙的木板搭成的,我一走上去就嘎吱嘎吱地响,吓得我立刻往回走。我心想:现在的我们真是太幸福了,生活条件比以前好太多。如果让我现在去住这样的房子,我一定会不适应的。

妈妈娘家的旧房子

屋外有一口老井,妈妈说小时候她会下井打水喝。她是怎么下去的呢?我百思不得其解。我认真观察了一下这口井,原来井下面有很多小孔,她是双脚叉开,依次踩着左右两边的孔下去的。妈妈说以前井水很干净,大家都来这里打水喝。白天大人不在家,小孩只能自己找水喝。

塘尾村村民是朱熹的后代。13个村民小组里有12个小组的村民都姓朱,朱子文化氛围在这里很浓厚。见证村庄历史的还有朱氏宗祠,它具有明显的客家围屋特点:硬山顶、阴阳瓦、龙船脊、砖木结构。据村里的族老介绍,该宗祠建于清朝康熙年间,坐西北向东南,前置禾坪和半月形风水塘。老的朱氏宗祠有300多年的历史,2011年,在原来的轴线上,按照传统的四水归堂的客家建筑风格进行了重建。我留意到,"文德庭"的天井里摆放着一本"书",上面刻着朱熹的诗句,廊檐四周刻有《文公家训》。朱氏宗祠外就是塘尾村文化广场,巨大的朱熹雕塑、中华二十四孝石雕皆立于此。

文德庭

第三章 引悟实践

文公家训

中华二十四孝石雕

塘尾村具有浓厚的文化氛围,它的历史和故事当然不止这些。村委会大楼一楼的荣誉榜上,密密麻麻地列着近50项荣誉。不久前,荣誉榜上又添了一个成员——广东省文明村。"家住花园里,朱子文化浓,谁到这里都说好!"塘尾村是大亚湾的"明星村"——全区第一个通有线电话、全区最早引进自来水……跟朱氏宗祠连成一片后,村里处处是美景。

塘尾村外景

塘尾村的环境优美,但人更美。

朱燕明一家六口人,住在塘尾老围村,他们的屋内整洁有序,窗明几净。朱燕明是塘尾村的原籍村民,今年57岁。在单位,他是一名工作认真负责的好同志;在家里,他是一个和蔼可亲的爷爷;在村里,他是一位受村民尊敬和赞扬的"三叔公"。他们家除了两个孙子,一家人都是党员干部,他们遵纪守法,团结和睦,热心公益,支持教育,为创建和谐社会尽心尽力。儿媳吴文靖是大学生村官,她待人热情礼貌、任劳任怨、团结同事、积极为群众服务。2014年,在大家的支持下,她顺利当选村民委员会委员,工作更加认真负责,一心一意为当地群众服务。

朱燕明家"与人为善、以德为本、与爱相随、乐于助人"的家风,对我们有着深远的教育意义!

塘尾村历史悠久,文化氛围浓郁,环境优美,村民素质高。通过这次走访调查,我已经深深地爱上了它。

阳光引悟教育学园

游学长见闻，实践开眼界

清代钱泳在《履园丛话》中说："'读万卷书，行万里路'，二者不可偏废。"所以，假期中，我既推荐学生阅读经典，从书中汲取营养，丰富学识，又提倡他们进行游学实践，开阔眼界，提高能力。

在游学实践活动中，有的学生参观游览了家乡美景，详细记录了家乡的自然风光、人文建筑、民俗风情等，展现了美好的家乡风貌；有的学生开启了北国探索之路，了解了名胜古迹，将课内所学知识与生活实际相联系，开阔了视野；有的学生述说了"过年那些事儿"，用图片展现了家乡的变化，介绍了家乡的春节风俗，分享了假期的快乐经历；有的学生探索研究了春联的来历，他们不仅在春节中享受到了节日的快乐，也感受了传统文化的魅力，这对他们来说，无疑是一笔宝贵的财富。

开歆同学回到了自己的家乡——江西省莲花县，寻访了甘祖昌的故居，感受了甘祖昌精神，有了满满的收获。她与我们分享了名为"这是人家的需要"的小故事：甘祖昌回乡劳动，经常是早晨带工具出去，晚上回家时不是将工具丢在山上，就是丢在田里。第二天再去，工具就不见了。家人要他去问一问谁拿了，他说："锄头、铁锹这些劳动工具，谁拿了都是用于生产，人家有用才会拿，我们不要去为难人家,这是人家的需要!""这是人家的需要"这句话成为莲花地区助人为乐的民间俗语。这个故事也启发我们要助人为乐、无私奉献。

有人说:"近处无风景。"但钦凤同学却有完全不同的体会,这个春节她没有回老家,而是与家人一起来了个周边游。用心体会美景,认真记录生活,既丰富了假期时光,又收获了知识与快乐。下文是她写的游记。

荔枝公园

乘车一小时,我们一家终于来到了深圳。我们按计划先去瞻仰了邓小平画像。我不禁感慨:邓小平爷爷真伟大,是他促进了深圳的快速发展。

随后,我们前往荔枝公园。从公园的侧门走进园区,映入眼帘的是一片面积很大的荷塘。一朵朵粉红色的荷花已经盛开,这些出水芙蓉像一位位亭亭玉立的仙女在舞蹈。荷花下那一片片巨大的荷叶,像一把把绿色的圆伞,盖住了整个荷塘。一对老年夫妻向荷塘走来,他们看着荷塘,愉悦地交谈着,好像也在赞赏这荷塘美景。

观赏完荷塘,我继续往前走。我的左手边盛开着各式各样的鲜花,有如霞似火的杜鹃花、风姿绰约的紫藤花、娇媚迷人的红玫瑰、婀娜多姿的郁金香、雍容华贵的牡丹花……这些美丽的鲜花令我感慨,我们的生活像鲜花一样多姿多彩,我们要珍惜眼前的幸福生活。

不远处有一片碧绿的大草坪,草坪的四周挺立着一棵棵南国风景树,其中有郁郁葱葱的大榕树,有威武挺拔的大王椰,还有盛开着花朵的紫荆花树。此外,还有葫芦竹、鱼尾葵、木棉树、橡胶树、南洋杉、夹竹桃……真是应有尽有啊!

波光粼粼的湖面上漂着一艘艘游船。这些游船形态各异,颜色各样。有的游船里坐着年轻的情侣,有的游船里坐着一家老小。他们的那份悠闲,那份惬意,那份幸福,真让人羡慕。近处,几只白色的水鸟在水面上快乐地嬉戏,也在享受着这份悠然。远处,一座白色的石拱桥横跨湖面,我径直朝那里走去。站在高高的石拱桥上,公园里的景物尽收眼底:不远处有一片郁郁葱葱的荔枝林,林间有人工小径,有凉亭和楼阁,还有造型独特的假山和美丽的喷泉……它们掩映在绿色的荔枝林间,让人心情舒畅。

假期结束了,那有趣、有味、有收获的时光值得回味。教师要恰当引导学生利用假期提升社会实践能力,鼓励他们多多实践、积极探索、勤于总结,做到有所思,有所悟,有所得。

第三章　引悟实践

假 期 收 获

为了丰富学生的假期生活,学校布置了"特色作业",有乐器演奏、经典诵读、亲子阅读等项目。放假前,我鼓励学生按照要求努力完成,培养自己的兴趣,发展自己的特长。新学期开学第一天,我对学生的学习成果进行了点评。

学校的"特色作业"大部分学生完成得较好,家长的评价也较高。黄珊同学演奏了《虞美人》《康定情歌》等18首乐曲。家长在评价栏中写道:"古筝练习比较刻苦,参加亚洲校园星音乐艺术节总决赛,获得了一等奖。"诵读了《声律启蒙》《弟子规》等国学经典。家长在评价栏中写道:"明白了诵读的意义,让自己拥有不一样的心境,锻炼了意志。"阅读了《城南旧事》《呼兰河传》《红楼梦》3本图书。家长在评价栏中写道:"通过亲子阅读,孩子更加喜爱阅读,学会欣赏文学作品,能和书中有正义感的人物共情。"培养了书法、素描、舞蹈等7项兴趣特长。家长在评价栏中写道:"能合理安排寒假时间,坚持发展兴趣爱好,如硬笔书法、绘画、舞蹈等,使自己的技能在假期中不至于变得生硬。"紫溢同学完成了《班尼狗的故事》《机器人厨娘》《天方夜谭》《看见生命》等多本书的亲子共读,坚持学习了绘画、手工、书法、羽毛球等项目。还有陈卓同学,他不仅爱上了阅读,还爱上了做家务,做饭洗碗统统不在话下,让家长开心不已。

许多学生摘录了所看名著中的好词佳句,写下了自己的心得感悟,或者在日记里记录了自己的阅读感受,以及在春节出游时的见闻和体会。在作业展评分享环节,我将学生们所阅读的书籍名称展示出来,大家赞叹不已,纷纷表示有很多书自己没有看过,想要马上买来一看究竟。在分享阅读摘抄和心得感悟时,学生们认真倾听,陶醉在优美的语言、有趣的故事和深刻的感悟中。在展示日记时,大家被同学所描述的优美风景、民俗风情深深吸引,时不时也被有趣的故事逗得开怀大笑。

愉快的寒假就这样悄然而逝,学生们不免有些留恋,但新学期的号角已经吹响,我们将开启全新的征程!让我们带着满满的收获,重整行装,信心百倍地拥抱充满挑战的未来,创造新的辉煌!

第三章 引悟实践

阅读与悦读

知识是人类进步的阶梯,阅读则是获取知识的重要手段。因此,我运用了许多方法,引导学生爱上阅读,比如:推荐学生阅读与年龄相适应且对成长有益的读本;分享中外名著书单,让学生根据自己的喜好选择;教学生边读书边摘抄;把优质的图书当奖品奖励给学生;为班级购买新图书;开展"图书漂流"活动;建议家长多带孩子去图书馆,为孩子挑选书籍;提倡亲子阅读;等等。让人感到欣慰的是,通过各方面的努力,很多学生不仅爱上了阅读,而且能够引经据典,自由地表达思想,这真是一件值得高兴的事!有的学生还会写下自己的阅读感悟和读书故事,令人欣赏和赞叹。黄珊就是这样的学生,下面是她写的读书故事和读书感悟。

我的读书故事

我叫黄珊,今年10岁,就读于华中师范大学附属惠州大亚湾小学。我是一个热情活泼的女孩,我的兴趣爱好很广泛,但最喜欢的是阅读。如果用一句名人名言来表达我对书籍的喜爱,"一日无书,百事荒芜"最适合不过了。

我与书结缘要从咿呀学语时说起。那时,妈妈买来色彩鲜艳的卡片,常常指着卡片讲给我听。当我能看懂一点点内容时,妈妈又买来许多绘本和我一起读。我每晚都在这些有趣的故事的陪伴下进入梦乡。后来我渐渐长大,终于上小学了,我学会了拼音,妈妈便给我买了注音版图书。至今,我还记得我自主阅读的第一本书是《会唱歌的小窗口》。

时光飞逝,日月如梭,我开始阅读中外名著、古诗文等。读《诺贝尔》,我懂得了"宝剑锋从磨砺出,梅花香自苦寒来"。读《诗经》,我体会到传统诗词的魅力。读《杨开慧》,我立下为中华之腾飞而努力读书的志向。

书籍是可口的泉水,是打开智慧之门的钥匙。我会坚持阅读,让阅读成为伴随自己成长的好伙伴。读书可以愉悦身心,读书可以陶冶情操,读书可以开拓视野。让我们多读书,读好书,好读书!

读《火烧圆明园》有感

这篇课文主要描述了昔日辉煌的圆明园惨遭侵略者践踏毁灭的景象。圆明园是我国著名的皇家园林,园内有众星拱月的布局、风格各异的建筑、珍贵无比的文物……这些瑰宝却毁于残暴的侵略者之手。对此,我深受触动:英法联军如野兽一般侵入了我们的家园,曾经无比辉煌的圆明园被大火烧得只剩下一堆断壁残垣。最令我愤恨的是,圆明园遭到洗劫竟是卖国者引的路!我不禁思考,英法联军侵略北京时,为何无人抵抗?了解当时的历史后,我明白了落后就要挨打的道理。国家一旦落后,就没有能力抵御外患。唯有民族兴旺,国家昌盛,国力强大才能抵御外患,稳定发展!

作为生长在新中国的少年,我一定要铭记这段耻辱,铭记这场血与泪的教训,铭记落后和贫穷就要受到蔑视、欺凌!所以,让我们勿忘国耻,为中华之繁荣昌盛而发愤读书,为祖国的富强贡献力量。

孩子的成就离不开自身的努力,也离不开家长的教育,黄珊同学的妈妈曾在"阅读之星"推荐表上这样写道:

孩子从小酷爱阅读,并一直坚持着这个好习惯。进入小学后,在老师的引导和熏陶下,孩子更是对阅读产生了一种迷恋。每年寒暑假出去旅游时总会带上几本书,火车上、宾馆里总能看到她捧着书全神贯注阅读的身影。到了周末,孩子不爱逛街,不爱去游乐园,就爱在图书馆里,常常能在那里待上一整天还意犹未尽。每晚睡前她都会躲在被窝里看书,我催促几次她才肯安睡。阅读陪伴着她成长,不仅丰富了她的知识,拓展了她的视野,还让她明白了不少道理。随着阅读量的增加,孩子的求知欲也越来越强烈,也让我更加深刻地感受到阅读带给她的快乐!未来的成长道路还很漫长,我希望她能一直与书为伴,永远快乐阅读下去。

看到黄珊妈妈这样描述孩子的阅读的情况,我不仅感到高兴,还很幸福。我愿更多的学生能够像黄珊一样坚持阅读,乐于阅读,这将会是你们一生的巨大财富!

第四章　引悟情怀

　　阳光引悟教育是有温度的教育,是教师用真情、善意、耐心引悟学生自我成长的教育。它像一盏温暖的灯塔指引我如何爱生、育人。

　　相遇,如一树花开,绚烂了我的人生。我愿用笔墨传情,用书信架起师生间的心桥,引悟学生阳光快乐成长。教学中,我抓住机会组织书信活动;平日里,我通过书信与学生真情交流。从二年级到四年级,与他们一起度过了九百多个日子后,我给每一位学生亲手写了一封信,表达爱意和真情。在他们小学毕业时,我再次用温暖的文字和淡雅的墨香将心语凝成书信,引悟他们前行。

云中谁寄锦书来

拿到人教版语文五年级下册教材时,吸引我眼球的是第一单元的习作"给远方的小学生写信"。此时,我开始思索:"如何真实有效地开展此活动?和哪里的小学生开展书信活动?真的去邮局邮寄信件吗?学生没有邮费怎么办?"思考片刻之后,我在大学同学微信群发布了这样一则消息:"有没有教五年级语文的同学?我们可以互相配合开展第一单元的书信活动。"在广州教书的廖同学回复了我,并和我达成了共同开展书信交流活动的约定。惠州的小学生与广州的小学生开展书信往来,定会很有趣。

经过商讨,由我们先寄出第一封信,他们再回信。当我在班级里宣布活动开展的消息时,学生们都乐开了花,恨不得马上将信寄出,激动与兴奋之情溢于言表。随着信息技术的发展,微信、QQ、抖音等媒体已成为人际交往的常用工具,传统书信渐渐被遗忘。此次活动,学生们能通过真实的书信交流,与远方的小学生交上朋友,真是一件美事。这也将成为他们人生中一段美好的回忆。

写信活动开始了!我先在课堂上给学生讲解了书信的特点和写法,告诉他们可以从个人兴趣爱好、性格特点、学校课程、生活趣事等方面大胆地表达自己的想法,不要忘记对远方的朋友进行友好的问

第四章 引悟情怀

候。接着,我将廖老师发来的班级名单打印裁剪后,一一发给学生,让每一位学生都有写信的对象。为了让学生在活动中提高写作能力,我让他们先在作文本上打草稿。看到学生们认真写作的模样,感受到他们的那股写作热情,我欣喜无比。我想:创设一个情境,开展一项活动,在学生的心里播下美好的种子,这是多么美好的事情呀!这样的活动不仅有助于提高学生的写作能力,还有助于提高他们的交友能力,真是一举多得的好事呀!

班上的小李同学,平时写作能力较差,也不喜欢写作,但这次却很用心地写了一封信。为了让小李能更好地表达自己的想法,成功地交上一位朋友,我便将他请到办公室里来,逐字逐句地指导他进行表达。经过修改和完善后,书信内容更加丰富了。他的这封信虽然不是写得最好的,但从个人的思想情感表达上看,是最真实的。我为小李同学写作水平的提高感到高兴。

批阅过学生写的书信后,我便发放精美的信纸和信封,提醒学生按照书信格式誊抄。课堂上,在动听的音乐的陪伴下,每位学生都在用心地、静静地书写着。看到他们陶醉的样子,我也陶醉其中。

信写好以后,学生将信和承载美好祝福的小礼物装进信封。我将一颗颗真心、一份份期待一起寄给了远在广州的小朋友。信寄出的日子里,学生期待着,盼望着。等待的时光总让人觉得漫长,几天过去了仍没有一点消息,不时就有学生按捺不住好奇心来询问:"老师,他们收到信了吗?""老师,他们会回什么呢?他们也会给我们送小礼物吗?"一串串问号的背后,是一颗颗充满童真的心。

学生誊写书信

学生展示要寄出的书信和礼物

两个星期后,广州小朋友的回信终于来了,真是激动人心啊!学生们迫不及待地读信,并写下回信……活动结束了,在这次难得的书信活动中,学生们收获了友谊和一段美好的回忆,激发了写作兴趣,提高了写作能力。

第四章　引悟情怀

在语文教学中,我们可以通过开展丰富多彩的活动提高学生的语文素养,实现活动育人的目的。开展活动时,教师要用心地创设情境,耐心地指导,才能收到良好的效果。

附:

写给邵冠权的一封信

亲爱的邵冠权:

　　你好!

　　我是华中师范大学附属惠州大亚湾小学五年级一班的李灿。我今年11岁了,非常热爱美术!

　　我的学校是一座美丽的花园。教学楼呈一个E字形,欧式建筑风格,庄严而宏伟,特色鲜明。每次走进校园,最吸引我的是美丽的生物园。那里的动植物模型栩栩如生,翠绿青葱的松树与鲜艳明丽的三角梅交相辉映,生机盎然。我们在观赏的同时,还可以学到不少知识。此外,学校有一个带200米环形跑道的操场,篮球场、足球场等运动场地也一应俱全。课间,同学们可以尽情玩耍,强身健体。值得一提的是,我们学校的功能室很完善,有书法室、舞蹈室、实验室、计算机室、绘画室、阅览室等。最不能忽略的是我们的"未来教室",里面配备了先进的平板电脑,用来辅助学习。

　　我们学校的课程丰富多样,除了常规课程,还有兴趣课、周末快乐秀等。我参加了机器人兴趣课。在机器人兴趣课上,老师常常教我们拼装机器人。机器人兴趣课既锻炼了我们的动手能力,也激发了我们的创造性思维。

我特别热爱美术。每当提起美术,我的内心就无比快乐。我喜欢上美术课,喜欢画画。画画让我安静、放松,让我发挥无尽的想象。在美术的世界里,我可以随心畅想。

说了很多我自己的事情,我对你很是好奇呢!你喜欢什么呢?有什么兴趣爱好?也像我一样喜欢美术吗?我很想与你交朋友,你愿意吗?如果愿意的话,就快快给我回信吧!

祝
学习进步,生活愉快

期待你回信的朋友:李灿
3月16日

寄出的信和小礼物

收到的回信和小礼物

第四章　引悟情怀

回　音

春迈着轻盈的脚步走来了,万物复苏,柳绿花红。农民伯伯开始耕种了,花园里的小草也伸出小脑袋,默默播撒爱的教师也悄然收获着。"润物细无声",美丽的诗句折射出深刻的哲理。作为教师,我的体会越来越深了。有时候,有声语言显得聒噪,何不将它写于书信中,或许有不一样的教育效果,抑或收到悦耳的回音。一位天使的来信让我感动,更加坚定了我前行的步伐!

致刘老师的一封信

敬爱的刘老师:

您好!

长久以来,我感受到老师您每一天都为我们付出许多。每一天,您都步履匆匆,穿梭于教室和办公室之间。每一天,您都在课堂上激情授课,生怕我们错过了宝贵的知识。每一天,您都认真批阅我们的作业,那不放过一个标点符号的仔细程度让我们折服。久而久之,我们习以为常,甚至有些许不在意。因此,出现了学习不够积极、思想滑坡、纪律松懈的苗头。本学期以来,我们还会时常惹您生气,但次数已明显减少,那是因为我们在您的教导下进步了。老师,您就像蜡烛一般燃烧自己,照亮我们。您就是那辛勤的园丁,用汗水浇灌我们

阳光引悟教育学园

这些祖国的花朵。特别是每当您讲解一道难题时，就如同帮助我们攻克一堵困难之墙。是您，总是专业且专注地为我们讲解，为我们指引前进的方向。是您，在我们还是"傻小孩"时，教给了我们丰富的知识，培养了我们多方面的能力，告诉了我们如何做人，等等。感谢您让我们从"傻小孩"变成了有知识的孩子。

刘老师，您用那伟大的胸怀，让我们感受到了温暖。您用那严谨的态度，告诉我们学好知识的重要性。现如今，我们已是五年级下学期的学生了，我们更加明白了您的良苦用心。在学习的路上，您是给予我们最大帮助的贵人。您如同父母般关心我们，让我们在阳光下快乐成长。如果没有您，就没有现在的我们。刘老师，多年来您辛苦了，为我们付出了太多。感谢您，我们的好老师。

敬祝

工作顺顺利利，身体健康

学生：余鑫怡

3月21日

给鑫怡的回信

亲爱的鑫怡：

你好，很高兴收到你的来信，信纸美观，话语温暖！

与你们相处的每一天，老师心里都充满了欢喜和幸福。你是个善良的好孩子、体贴温暖人心的天使，再多的语言也无法将你的美好一一描述。从你的字里行间,老师感受到了你的真情。你细心留意老师的心绪,认真感悟老师的付出,关心班集体的情况,有你的这一番话,老师再苦再累也值得了。感谢你,鑫怡!

随着时间的流逝,你成长了不少。从前不善言辞的你,现在更善于表达了。从前腼腆害羞的你,现在更加阳光开朗了。你勤思善学,一直在默默努力,每一天都主动认真学习,尽力做到最好,你是优秀的!

痴心一片终不悔,只为桃李竞相开。老师愿为了你,为了你们一直努力下去,只愿你们成为更好的自己。

祝

学习进步

刘老师

3月25日

悄悄给鑫怡回了信,她看到后一定欣喜若狂。这件事就此结束了吗?当然没有!我抓住教育契机,在班会课上,请鑫怡到讲台上大声念出她写给我的信。当她念完后,我也把我的回信朗读了一遍。话音刚落,教室里响起了阵阵掌声。学生们被感动了,被信中的内容,更被美好、善良、懂得感恩的鑫怡所感动。这件事如春雨一般润泽了学生们的心灵。教育就是这样,需要教育智慧,需要默默付出,只要坚守下去,总会有回音的!

阳光引悟教育学园

特别的礼物

我想,将真情与爱意写于信中,当作礼物送给学生。或许,他会珍视;或许,他会反复翻看;或许,他会有所启发。于是,每日教学之余,我静心书写,将一份份礼物送到学生手中,引悟学生阳光成长。以下是书信选辑。

第四章 引悟情怀

致可爱的你

亲爱的航本：

时间过得真快，刘老师已陪伴你成长两年多了。其间，每当看到你那开心的笑脸、活泼可爱的身影，我总会感到无比快乐与幸福。你是个大方的好孩子。还记得二年级时，你总把自己的零食分享给同学，即使自己没得吃也不计较。还记得小兴同学忘记带新本子到学校，恰好你有，你赶忙把自己的拿出来递给他，还说："送给你，我家里还有。"那一刻，你感动了我们。你是个无私奉献的好孩子。你在担任生活委员的日子里，为了保证教室整洁卫生，每天都最早到校，最晚离开。如果哪里没有扫干净，你就会默默地打扫，毫无怨言。你那无私奉献的精神品质让老师钦佩。平日里，你时常显露出可爱的模样。讲起跆拳道，你手舞足蹈；说起下棋，你眉飞色舞。我为你的进步与学会新的本领感到高兴。

这学期，你的足球水平一定提高了不少，因为你总是很认真地对待。你的书写也工整了许多，看到你学习如此努力，老师很欣喜。认真的人，付出了辛劳的汗水，总会有所收获。"不积跬步，无以至千里；不积小流，无以成江海。"愿你在学习及成长的过程中，学会坚持，学会努力。感谢你给老师带来了许多欢乐，点缀了老师的教育生涯。愿你一直平安如意，美好善良。

  祝
学业进步

刘老师
3月30日

致天真活泼的你

亲爱的思璇：

现在，窗外灯光闪烁，室内暖意盈盈。老师思绪万千，有许多话想对你说。

印象中，你的脸上常挂着那让人动容的笑容；你的脑袋里总装满了对世界的好奇；你的眼睛里总闪现着温暖的目光。我爱你那纯真质朴的心灵，也爱你那天真活泼的身影。

还记得你第一天踏入教室的情景吗？你的妈妈牵着你向我走来，到了门口，你蹦蹦跳跳地进入了教室，活泼又可爱，让人感觉不到与你之间的距离。初来新学校，面对新环境、新老师、新同学，你一点也不胆怯，课堂上频频举手发言，声音动听。我真为你的大胆和自信感到欢喜，你真棒！

还记得你刚开始背书给我听的情景吗？你本来自信满满，拿着语文书就蹦上了讲台，开始背诵。才开了个头，你就莫名紧张起来，心怦怦地跳着，手心里也冒出了汗，着急地流着泪说："老师，我本来会背的，在原来的学校一下子就背出来了，不知为什么，到您这里我就变得很紧张了，一点也背不出来了。"我安慰你说："思璇，别紧张，别害怕，你可以的，相信你自己。"你朗读了两遍，再背，果然很流利。慢慢地，你背书越来越顺畅，一点也不紧张了，你真棒！愿自信、勇敢一直存于你的内心，指引你向上。

还记得几个星期前，你因为同组的其他值日生扫地拖沓，很晚才能离开教室而伤心地哭泣。眼泪的背后是你对一直在校门口等候的妈妈的惦记和心疼。看着你伤心的背影,我也感到难过。那一刻,我多想为你轻轻擦去眼泪,告诉你"你做得很好"。每次值日,第一个拿起扫把的人是你,扫得认真又仔细的人是你。你勤劳负责的模样,我不会忘记。我相信这次之后,你们组会越来越棒的。我相信你们!

语文课堂上,总能看见你自信地举起手,大声地回答问题。我为你的认真听课、勤于思考、大胆发言而高兴。愿云彩、艳阳一直陪伴你走到天涯海角!

  祝
学习进步

刘老师
3月31日

阳光引悟教育学园

致细心又贴心的你

亲爱的殷乐：

此刻,我坐在桌前,听着窗外的鸟鸣,享受着这安静的午后时光。阳光洒进了房间,脑子里不禁浮现出你那可爱的笑脸。

你细心又尽责。在二、三年级两年的光阴里,你一直担任语文科代表一职。你认认真真、兢兢业业,我每天都能看见你忙碌的身影。你细心又耐心地帮助老师收发同学们的作业。有时忙不过来,也不说苦叫累,坚持做到最好。你尽力帮助老师,想减轻老师的负担,想让老师不那么累,你真是善良的天使。老师感谢你！谢谢你的体贴与帮助,谢谢你为班级做的贡献,你辛苦了！

你善良又温暖。这个星期,老师感冒了,非常难受。老师看到你眼里流露出对老师的心疼,想替老师分担痛苦。好孩子,你的心意老师读懂了,老师很感动。你常让老师多喝温水,少讲话,保护嗓子。老师记不清你为老师倒过多少次水,拿过多少次作业本,因为你为老师做得实在太多了。你的心意,你的关心,老师永远铭记于心。你是老师的得力助手、贴心宝宝。感谢你的爱,老师也爱你。

在班级事务上,你总是尽心尽职；在与同学相处上,你总是谦让有礼；在学习上,你总是努力进取,奋勇向前。这么优秀的你,值得称赞！老师知道你在学习上非常刻苦,因为你课前认真预习,课上认真听讲,课后作业保质保量按时完成,检测时反复细心检查。可你仍旧对自己的学习成绩不是特别满意。在数学学习上,老师建议你多思考,多发问。老师相信你可以,期待你的进步！泰戈尔说过:"如果你

第四章 引悟情怀

因失去了太阳而流泪,那么你也将失去群星了。"勇往直前吧!

　　祝
学习进步

　　　　　　　　　　　　　　　　　　　　　　　刘老师
　　　　　　　　　　　　　　　　　　　　　　　4月4日

阳光引悟教育学园

致给我印象深刻的你

亲爱的逸涵：

  初次看到你的名字，便印象深刻。当时，我很好奇，好奇你是个什么样的人。你的名字里，"逸"字有超凡脱俗、卓尔不群之意。"涵"字有包涵、宽容之意。你的父母一定希望你成为不凡之人，我也同样期待。虽然你在班上言语不多，但"沉默寡言"并不是你的代名词，你有许多地方给老师留下了深刻的印象，且听我慢慢道来。

  你是一个勇敢的人。还记得上学期的一节语文课吗？上课时，老师请你来朗读，坐在教室第五排的你听到这个指令，自信勇敢地站了起来，拿起语文书就大声流畅地读起来。一段读罢，同学们惊呆了，我也惊呆了。你读得那么棒！这是我们从未见过，从未听过的！顿时，教室里响起了雷鸣般的掌声。我们为你的勇气而鼓掌，为你的优秀而喝彩！在此希望，我们能常常见到这样勇敢的你。

  你是一个出色的人。还记得去年"六一"文艺汇演我们班级的环保时装秀节目吗？在报名参加表演时，很多同学都举手了，你也不例外。当时，你端正地举着手，脸上露出期待又兴奋的笑容。那一刻，老师感受到了你的快乐，且永远不会忘记。在排演训练中，你不怕苦，不怕累，始终坚持着。在表演那天，你一点儿都不怯场，自信地走上舞台，摆出炫酷的造型。我们班的节目获得第一名的好成绩，这有你的功劳！老师看到了一个自信、出色的你。

  你是一个好学的人。你工整、认真地书写着每一项作业，书写着每一个字，一点也不马虎。老师批改你的作业时，看着你那端正的字体,仿佛在欣赏着一件艺术品。你的作文、日记也写得出彩,让人忍不住一读再读。

  我时常看见你的笑脸,我愿快乐与你常相伴,每天都学得开心,玩得开心。我偶尔看见你皱着的眉头,我愿一切烦恼离你远去。我多希望你在课堂上能多举手,多发言。我多希望你能与老师、同学多交流。这一切都会实现的,对吗?我期待!

  祝
学习进步

刘老师
4月5日

致开朗的你

亲爱的凯婷：

你一定很期待老师给你写信吧！我的心里一直装着开朗善良的你。

你记得第一天来到我们班的情景吗？你的妈妈领着你走进教室，当时的你既高兴又有点害怕。我与你妈妈交谈，她主动说起你的拼音学习不够扎实，那时你害羞地站在妈妈身后，一副不情愿的样子。就在那时，老师默默告诉自己：一定要多辅导你学好拼音。你每一次的作业，我都认真帮你纠正拼音错误。任何情况下，只要发现错误，我都会提醒你。让老师高兴的是，你也非常认真地对待，努力改正。你在拼音学习方面的进步很大，出错率大大降低，我为你感到高兴。你是个认真、勤奋的好孩子，我相信你以后肯定能做到更好，天道酬勤！

有一天，你很开心地与我分享周末到聚龙山爬山的事情，你脸上的笑容让老师难以忘记，你的快乐感染了我。你是一位天真开朗的可爱女孩，我不仅从你的笑脸上感受到了，而且从你的文章中读到了。老师喜欢看到你开心的模样，但你上课时的沉默不语、眉头紧锁让我担忧。如果你在学习上遇到难题，在生活上遇到困难，一定要告诉我，我将努力为你排忧解难。我希望你的每一天都过得快乐，早晨面带微笑来上学，傍晚带着满足与幸福离校。做一只快乐的小鸟吧，展翅飞翔。

我常看见你在课间手捧一本课外书读得津津有味。喧闹的声音完全不影响你,你似乎带上了一层保护罩。我为你的专注而高兴,我为你喜爱阅读而欣喜。努力阅读吧,书本里的世界很精彩,阅读会让你收获良多。

老师喜欢你。你的每一点每一滴,我都用心记在心里,我愿陪伴你一起成长,加油!

祝

平安幸福

刘老师

4月6日

阳光引悟教育学园

致乐观拼搏的你

亲爱的京昊：

一想到你，老师脑海中立刻浮现出你优秀的模样。你乐观、拼搏、无私……时间流逝，你慢慢长大，越来越多优秀的品质在你身上显现，也在老师心中留存。

二年级时你还是个小小男孩，每天快乐地在教室里学习，与同伴嬉笑。你从不计较自己的得失，也从不忘记每一天去努力。一眨眼，你已长高了，心智也渐渐成熟。我为优秀的你而高兴。

你是一位阳光的男孩。不管遇到什么事情，你总是微笑着坦然面对。不管是考试失败，还是事情做得不完美，你总是暗下决心去改进。我最爱看你那开心的笑容，腼腆中带着自信和乐观。但这一学期，你脸上常挂着闷闷不乐的表情。我们曾交谈过，你说你每一天都无法高兴，既没有什么特别开心的事，也没有什么伤心的事，反正就不爱笑了。这可能是你身体发育带来的变化吧。让我们一起改变现状，笑对生活，积极投入每一天的各项事情中。

你还是一位拼搏的男孩。你有勇往直前、不断向前冲的干劲。每一天，你迫不及待地了解作业内容，利用一切课余时间尽早完成。也许你是为了晚上有更多的休息时间，也许你是为了不耽误足球训练，无论如何，你的这种拼搏精神让我感动。还记得你的格言吗？"要做就做到最好！"你的这句话也给许多同学带来启发，他们也像你一样，努力把事情做到最好。

你善待同学，尊敬老师，孝敬长辈。你有许多优点值得称赞，但

第四章　引悟情怀

我还希望你改进一个小缺点,那就是要认真负责地完成值日工作,这样你会更加优秀。

　　祝
学习进步

刘老师
4月9日

阳光引悟教育学园

致有才华的你

亲爱的凤凤：

  第一次称呼你为"凤凤"，请不要惊讶。还记得三年级的某天课间，你兴奋地问我可不可以叫你"凤凤"，那一刻我将它铭记。

  你是一位有才华的女孩。你娇小的身体里装着巨大的能量，恨不得每时每刻将新知识装进脑海里。你那好学善思的模样让老师欣喜。还记得二年级时，你经常在语文课上语出惊人，赢得同学们的阵阵掌声。还记得你写过的文章，精彩纷呈。一串串美文在你的笔下流出，"小作家"称号你当之无愧。现如今，你更优秀了，这得益于你的勤思善问。每当你遇到难题，便会问优秀的姐姐，有智慧的爸爸，或者无所不知的电脑先生。善思、善于解决问题的你，真棒！不仅如此，你还很爱阅读。一本厚厚的《小故事大道理》你耐心地看，一个个神话故事你用心地读，一篇篇文章你用心地悟。这一切的努力，让你成了一位才女。

  你善良、上进、宽容，你细心观察班级动态，用心奉献自己的力量。每天，你辛苦带领同学们晨诵，希望大家有所学，有所获。每天，你热心帮助学习有困难的同学，无怨无悔。每天，你都认真学习着、努力着。老师悄悄告诉你，不要轻易流泪，做一个坚强的人，你的未来会更精彩。

  祝

学习进步

刘老师
4月10日

第四章　引悟情怀

致不服输的你

亲爱的黄鑫：

与你相处两年多，你在班级发生的点点滴滴，我都记在心里。也许你早已忘记，但我清晰记得，且听我慢慢回忆。

记得你刚转来我们班时，充满了期待，神采奕奕。老师从你的眼睛里看到了你对知识的渴望。还记得你参选班干部时的情景吗？你竞选的职位是语文科代表。竞选当天，你准备了发言稿，自信地站上讲台，滔滔不绝地演讲。虽然准备充分，但那时同学们对你还不熟悉，没有选你。当场，你留下了难过的泪水。课后，你向我倾诉你对语文的兴趣和学好语文的决心。我为你的勇敢和有担当感到高兴。我想，这次失败没有关系，机会总留给有准备的人，于是我鼓励你努力学习，起带头作用，争取下次竞选成功。可不知为什么，这一学期，我看到了一个"大懒虫"跟着你，它让你的学习成绩下降了，让你不再有刚加入班级时的学习劲头。我为此感到很苦恼，也曾与你交谈，你答应会努力，但改进不明显。老师每时每刻都希望你能重新振作，努力奋进。我相信你一定会越来越优秀的，因为你身上具有不服输的品质。希望你像雄鹰飞翔在蓝天，像骏马奔驰在草原。希望你学会控制自己的情绪，谦和大度，这样才会交到更多朋友。期待你的进步！加油吧！

　　祝
学习进步

刘老师

4月13日

阳光引悟教育学园

致努力上进的你

亲爱的如意：

如意，多好听的名字，愿你事事都如愿、如意。

你是一个努力上进的孩子。在老师的印象中，你一直努力学习，努力生活，努力做好自己的一切事情，努力做到不让大人操心。在家中，你是姐姐，肩负着姐姐的责任，把弟弟照顾得很好。这样的你，让老师感到欢喜。

你是个认真努力的孩子。每当老师在讲台上抬头看你，总能看见你那跃动的眼神里装着对知识的渴求；每当老师走到你的课桌旁，总会看见你坐姿端正、奋笔疾书的模样。你身上有股认真努力的劲头。还记得上学期我们练习书法时，每天早上你最早到校，交齐作业后便拿出字帖自觉练习。你能做到内心平静，不受干扰。那时，你的字突飞猛进，工整了许多。你看，长久的努力坚持会有所收获。

你不仅努力，还很贴心。你尊师爱师，常关心老师的身体，体谅老师的辛苦。你还很善良，从不与人计较得失，从不与人争吵。愿这些优秀的品质与你一生相伴。愿云彩、艳阳一直陪伴你走到天涯海角，愿鲜花、绿草为你铺就远大前程，加油吧，如意！

  祝

学习进步

刘老师
4月17日

第四章　引悟情怀

致文静的你

亲爱的明蔚：

今日，闷热的天气仿佛已入夏。坐在书桌前的我，听着汽车压过马路的轰鸣声，想起了住在马路那一边的你。与你相伴快三年，你曾经的欢声笑语、成功与失败、勇敢与胆怯历历在目。转眼间，你长高了，也成熟了。

你是一个文静又可爱的女生。二年级时，课余时间你经常坐在教室里看书、学习，不与同学嬉笑打闹。三年级时，身为班长的你尽心做好自己的分内事，争做同学们的好榜样，为班级默默奉献，毫无怨言。还记得学校大队委员竞选活动中，你通过了大队委员竞选的笔试，进入了第二轮的面试环节。面试前，你做了充分准备，写好了发言稿，练习了许久。但面试当天，你听到可以弃权，犹豫过后，最终选择放弃，没有上场演讲，就这样错失了加入大队部的机会。孩子，我想告诉你，面对展现自己的舞台，不要胆怯，勇敢地迈出那一小步，你将走向一片更精彩的天地，拥抱更精彩的人生。勇往直前吧！抓住一切机会，超越自己，成就辉煌的未来。

你非常优秀。面对学习，你认真严谨。面对困难，你勇于克服。面对荣耀，你谦虚前行。与人交往，你宽容大方……海阔凭鱼跃，天高任鸟飞。加油吧，愿你飞得更高，走得更远！

祝
学习进步，超越自己

刘老师
4月18日

阳光引悟教育学园

致天真开朗的你

亲爱的奇校：

  常看到你脸上绽开的笑容，我心里不由得感到高兴。你是那么天真、质朴、可爱，你是那么开朗、阳光、灿烂。你真好啊！

  还记得你第一天加入班级的情景吗？那天你脸上带着笑意走进教室。自我介绍时，你一点儿也不胆怯，勇敢地举手，第一个站到讲台上。帮忙发新书时，你积极主动，丝毫没有陌生感。你真是一位开朗大方的男孩。你还是一位善思好学的男孩。课堂上，只要老师提问，总能看见你高高举起的手。积极发言的你即使回答错了，也不退缩。学习上遇到困难时，你总会努力寻求答案，不达目的不罢休。继续努力下去吧，你会越来越优秀的。

  还记得某天下午放学，你主动留下来帮助同学做值日，脸上洋溢着笑容。那一刻，我被你乐于助人、无私奉献、热爱劳动的精神所感动。还记得背诵竞赛活动中，你主动担任小老师，帮助还没准备好的同学，指导他们背诵。还记得你在无数个课间认真阅读的模样，你沉浸在书海里，不受干扰。老师喜欢你的优秀品质。愿你以更积极的心态面对生活中的各种事情，学得开心，活得开心。愿你在更广阔的天空中自由飞翔。

  祝

学习进步

刘老师
4月19日

第四章 引悟情怀

致阳光的你

亲爱的胡圳：

想起你那可爱的笑脸，我便感到高兴。你是一个阳光男孩，自从你加入我们班，就给我们带来许多欢乐。我们都很喜欢你。

你是一个宽容大度的人。你从不与别人计较得失，也不与别人发生争执，更不会指责别人的过错，你的度量让人佩服。你还是一个有爱心，有孝心的人。在学校，你尊敬老师，爱护同学。在家里，你尊敬长辈，孝顺爸妈。我常在你的文章中看到你体贴父母的行为，你让父母感到欣慰，让老师感到欢喜。你还是一位善于写作的能手。你的每一篇日记都非常精彩，例如《帮小白洗澡》《幸福的一家》。你的文章值得大家好好欣赏。你还是一个有思想的人，你的生活感悟能力很强。你在阅读摘记中记录了许多精彩片段，你对事物有独特的见解。你认真读书的样子最可爱，你认真学习的样子真帅气。你热心帮助别人时，身上仿佛有光，让人倍感温暖。唯愿你能继续保持下去，成为更加优秀的人。勇敢地在天空中飞翔吧，做一只快乐的小鸟，我为你祝福！

祝

学习进步

刘老师

4月20日

阳光引悟教育学园

致多才多艺的你

亲爱的紫溢：

　　雨后的空气清新甜润,令人暖心舒适。想起你,就想到你的多才多艺。你个子娇小,却拥有巨大的潜力。你对一切充满好奇,那神采奕奕的眼神,透露出你的机灵。

　　还记得课堂上的精彩个人秀吗?你的父母不辞辛劳,将古筝搬进教室里。你给大家表演了古筝弹奏。当时,你认真弹奏着,灵活的手指在琴弦上拨动着,同学们聚精会神地欣赏,陶醉不已,教室里安静得出奇。今日,那悦耳动听的琴音仿佛还在我耳边回响。感谢你的父母支持我们的活动,更感谢你的精彩演出。学琴的日子,有苦也有乐,愿你能长久坚持下去,弹奏出更加动听的乐曲。

　　平日里,你坚持练习书法。你的软笔字刚健有力,你的硬笔字端正隽秀,让人赏心悦目。班级做手抄报时,你的作品总是漂亮得令人惊叹,那美丽的图画穿插于工整的文字之间,简直就是一件艺术品。这一学期,班里贴满了你的国画作品。多才多艺的你已经成为同学们心中的偶像。请继续展现你的才华吧!

　　你爱看课外书,特别是科普类书籍。老师希望你广泛涉猎,拓宽知识面。同时,希望你养成良好的作息习惯,早睡早起,以饱满的精神迎接每一天。你一定可以变得更优秀!

　　祝

学习进步

　　　　　　　　　　　　　　　　　　　　　　刘老师

　　　　　　　　　　　　　　　　　　　　　　4月23日

第四章　引悟情怀

致安静的你

亲爱的思楠：

　　今天的你让老师感到心疼。因为你爸妈告诉我，你没有吃午饭。听到这个消息时，我心里很焦急。我在想：你肯定饿坏了！当我在教室里看到你苍白的脸、干燥的嘴唇，心疼不已。放学了，我拉住你的手，把自己的水果给了你。起初，你因太疲惫吃不下，后来还是边吃边走回家了。老师希望你养成良好的饮食习惯，以饱满的精神迎接精彩的每一天。

　　你是一个安静的孩子。你从不大声说话，也不与他人争辩。课间，常坐在座位上发呆，偶尔走动，与要好的同学谈天。课堂上，你大部分时间安静听讲，偶尔发表自己的看法。我多希望你可以大胆展现自己，展示自己的才华。因为，你是一个聪明、有想法、有主见的孩子。正确的事情，你会坚持自己的观点；不正确的事情，你有自己的评判。你应该大胆展现你自己。加油！期待你的绽放！你还是一个乐于助人、无私奉献的孩子。值日时，你默默做好本职工作，还会帮助组内其他同学。还记得上星期，同学们胡乱将地一拖就回家了，是你一个人拿起拖把，又认真地拖了一遍。你那勤劳又无私的背影印在我心里。你身上拥有这么多美好的品质，我为你感到自豪。

　　"不经一番寒彻骨，怎得梅花扑鼻香。"希望你更加勤思善问，更上一层楼！加油！有任何困难，随时找我，我将乐意为你解决。

　　祝
学习进步

刘老师
4月24日

阳光引悟教育学园

致灵动的你

亲爱的奥灵：

雨后清静，思念满溢。伏案写作，便想起你那可爱的笑脸。你有一双琉璃似的大眼睛，澄澈而明亮，灵动可人。你粉红的脸蛋，明媚清秀。你那百灵鸟般的嗓音十分动听。每次听你说话，仿佛在听一首乐曲，让人陶醉不已。你是多么可爱，多么优秀。

你有许多可爱之处令老师印象深刻。每当老师走进教室，你的眼睛总能快速捕捉到老师，立刻端正坐姿。那坐姿比受训过的军人还要笔直。课堂上，你用那双灵动的眼睛看着我，用那双灵敏的耳朵认真听讲。你的那股认真劲多次受到表扬，你成为同学们的榜样。每节课后，你总把下一节课要用的书本文具准备妥当后再离开座位。你对待每一节课都十分认真。你懂得了"准备"，你做到了"认真"，你学会了"坚持"。每一次朗读，你都能够全身心投入，你的喉咙传出的动听的读书声，令人陶醉。你还带动全班同学朗读，真好！希望你成为一位更有涵养的朗读者。周末秀的阅读分享活动，你的表现真精彩。你课前充分准备，写了满满一页的发言稿。你能够勇敢挑战自我，站在讲台上侃侃而谈。同学们听得入迷，我也沉醉其中。鲜花与掌声都送给你。你记住了"机会永远留给有准备之人"这句话，并能牢牢把握，值得称赞。

在学习上，你能全身心投入。在班级活动上，你也能积极参与。这一切成就了一个灵动的你，成就了一个大家都喜欢的你。老师给你一点小建议：希望你在学习和生活中，要善于观察，善于思考，敢于

第四章 引悟情怀

提问,乐于表达。这样你会更棒的!

  祝

学习进步

刘老师

4月25日

阳光引悟教育学园

致幽默风趣的你

亲爱的子阳：

　　老师一开始给同学们写信，你就非常期待。现在，收到信的你一定笑开了怀。

　　自从你加入我们班，班里就多了许多欢声笑语。同学们都爱听你说话，看你表演。每次你发言，都能把大家的目光吸引过去，引得大家捧腹大笑，你真是我们班的开心果。感谢你带给我们快乐，也期待你能给大家带来更精彩的表演。古人言："上善若水，德行天下。"我常被你那乐于助人、无私奉献的品行所感动。班级里，无论谁有困难和需要，你都会放下手中的事情，尽力去帮助。已记不清你帮过多少同学清扫教室，已记不清你借过多少文具给同学。身为科代表、组长，你总是尽心尽力为老师分担，为同学服务。班级因为有了你，一切变得井井有条。你从不与同学计较，待人宽容友善，德育之星应当颁给你。你坐如钟，站如松，行如风。学习应严谨、慎思，学者皆是如此。我愿你是奔腾的千里马，驰骋天下。

　　祝
学习进步

刘老师
4月26日

第四章　引悟情怀

致率真的你

亲爱的贝蕾:

你说:"刘老师,什么时候给我写信啊?"我说:"快了。"你说:"等得黄花菜都凉了。"听你这么说,顿时觉得你可爱又率真。

二年级时的你,非常胆小,很怕与老师亲近。从三年级开始,你突然间转变了。每一节课都能看到你坐姿端正,充满自信,积极地举起小手回答问题,口中传出悦耳动听的声音。从前胆怯的你不见了,一个勇敢的你展现在我们眼前。这次演诵活动,你也勇敢参加。你不断挑战自己,超越自己。我认为,你已超越自己,收获成功。看到你的改变,我由衷地欢喜。相信你能一直保持下去,遇见更好的自己。

你纯真善良,率真可爱。你对世界充满善意,心存阳光。看着你,就像看见了世间的美好。你宽容待人,落落大方,不与人计较得失,又替他人着想。这样的你真美好。在教室里,你就是那暖人心房的太阳。在教室外,你就是那阳光活泼的天使。你就像一朵太阳花,积极向上。你又似一只快乐的小鸟,在天空中自由飞翔。愿你一直快乐成长,实现梦想!

　　祝
学习进步

刘老师
4月27日

阳光引悟教育学园

致无私奉献的你

亲爱的志虹：

　　想起你那活泼的身影，老师心里感到高兴。你是一位天真善良的女孩。你一直以积极的心态去拥抱每一天。你是一位无私奉献的女孩，一直为班级劳心劳力。你是一位优秀的女孩，一直努力向前，永不放弃。我为你感到骄傲。

　　你看，你非常喜欢跑步，我看到了你拼搏的精神，感受到了运动给你带来的快乐。你看，你身为组长，每天早到校，帮助老师收齐同学们的作业后又仔细检查，一边为同学的学习着想，一边为老师分担，其中的辛苦与委屈，都默默承受，毫无怨言。你在工作中，努力改进方法，做到了快速高效，做到了为同学服务。有时候，你不仅做好了分内事，还主动为其他组分担。你看，以前的你内心比较浮躁，现在的你进步巨大，内心平静，每天都认真学习，认真听讲，认真完成作业，积极学习同学们身上的优点，遇到不懂的问题就虚心讨教，这样的你真棒！虽然现在你对自己的学习还不太满意，但我相信，只要你坚持努力下去，终将收获硕果，实现自己的目标。老师有个小建议，希望你在学习上更专注，讲究方法，这样就能事半功倍。遇到困难时，不要退缩，不要灰心，要迎难而上，相信阳光总在风雨后。加油，你会是最棒的！

　　祝
学习进步

刘老师
5月1日

第四章　引悟情怀

致聪明可爱的你

亲爱的思程：

　　我很喜欢你的名字，"思"——寓意慎思明辨，"程"——寓意前程似锦。愿你如你的名字般美好。

　　你头脑聪明。平时交谈中，你反应敏捷，对事物有自己独特的见解。在班级里，你每天都在进步。从前无法静心阅读的你不见了，现在的你喜爱阅读，常在课间手捧一本课外书读得津津有味，在阅读摘记中也常有自己独特的感受。你越来越关心班集体，抢着参与班级事务，为建设更好的班集体积极出谋划策。你还越来越关心同学，做到了团结友爱、宽容善良，我为你感到骄傲。

　　你喜爱运动，我常在操场上看到你运动的身影。篮球你行，足球也会，跑步更不在话下。学习上，你对数学情有独钟，你爱思考爱动脑，对待数学难题，有钻研精神。老师有一个建议，那就是你的书写有巨大的进步空间，拿出练习的热情来吧，勤奋刻苦，一定有所进步。宝剑锋从磨砺出，梅花香自苦寒来。竖起理想的桅，扬起信仰的帆，把好前进的舵，划起自强的桨，启航吧，少年！

　　祝
平安快乐

刘老师
5月2日

阳光引悟教育学园

致纯真善良的你

亲爱的鑫怡：

你可爱的身影印在我的脑海中,你纯真善良的美刻在我的心中。

你是一个心直口快的快乐女孩。遇到有趣的事情,你总是迫不及待地与我分享,那笑声似乎还在我耳边回响。你还是一个阳光女孩,对待任何事情都能持乐观心态,都能积极面对,不怕苦,不怕累,不怕困难,不放弃追求,这样的你让老师心生欢喜。

你用心学习。预习课文,你认真细致,密密麻麻的批注让同学佩服。课堂上,你认真听讲,勤于动笔的习惯值得称赞。你热爱阅读,能在书海里发现精彩,也乐于分享阅读感悟。你待人大方诚恳,同学有需要时,你会尽自己所能帮助他人解决困难,这样的你深得同学们喜爱。继续保持下去吧,你会越来越棒！老师有个小建议,希望你在生活和学习中,多问几个为什么,这样你会有更多的收获。我还希望看到一个大胆发言的你,不要怕,勇敢一点,你会走向另一片更精彩的天地,收获意外之喜。加油,我会默默支持你的。朝着明确的目标前进吧,不要为风雨所折服,创造美好的人生。

　祝

学习进步

刘老师
5月3日

第四章　引悟情怀

致勤劳善良的你

亲爱的刘月：

　　信纸上的荷花让人喜爱。荷花出淤泥而不染,它那纯洁高贵的品质令人钦佩。你纯真友善,如皎洁的明月,如美丽的荷花,愿你永远保持童真,快乐生活。

　　你是一位勤劳的女孩。从二年级开始,每一次的清洁劳动,你都会争着参与。每一次的值日,你总是认真完成,不仅做好了自己的分内事,还主动帮助同学。你那勤劳的身影一直印在老师的脑海中,相信你在家里也一样棒!你不仅在生活上勤劳,在学习上也很勤奋。每一天的作业,你都会认真努力完成。如果有不懂的地方,就会主动询问同学、老师,尽力做好。老师看到了你的努力,你认真学习的态度,你不懂就问、虚心求教的精神。尽管你付出了很多努力,但在学习上进步不明显。老师对你也心生愧疚,接下来会改变方法,继续帮助你。我相信,只要你勤奋努力,一定会有所收获的。让我们一起加油!

　　你是一位善良的女孩。你心存善心,为人和善,常舍己为人。同学有困难,你会伸出援助之手。老师有需要,你会尽力帮助。善良无私的你令老师骄傲。长风破浪会有时,直挂云帆济沧海。加油吧,孩子!

　　祝
学习进步

刘老师
5月7日

　　　　　　　致活泼的你

亲爱的文宇：

　　想起你，我就想起了爱你的家人。你的父母为创造美好生活而辛勤工作；你的奶奶关心爱护你，每天接送你上下学；你的哥哥疼爱你、谦让你，与你相伴成长。你真幸福啊！

　　你是一个活泼的男孩。你爱笑，爱玩，也爱跑。遇上乐事，你总露出腼腆的笑容。溜冰是你最喜爱的运动，你多次在日记中写下关于溜冰的趣事。你为拥有一双新的溜冰鞋而手舞足蹈，你为获得溜冰比赛第一名的好成绩而激动兴奋。我想到你当时的心情，不由自主地为你高兴。你是我们班的运动健将。每一届运动会，你在跑道上飞奔的身影让我们印象深刻。你脚下生风般的速度，让我们惊叹。你胸前挂满的奖牌，让我们骄傲。同学们称呼你"跑步小将""跑步小飞人"，你当之无愧。你敢于挑战自己，真棒！假如你在学习上也如此拼搏，积极表现，那就更棒了。面对学习，你有些紧张害怕。每当课堂上被提问时，你紧张得一脸通红，说不出话来。每当写作文时，你害怕自己写错字，又害怕自己写得不通顺、词不达意，多方面的顾虑让你总是下不了笔。老师想告诉你，千万不要害怕，害怕会让你无法战胜困难，无法突破自己。

　　老师希望看到更加大胆表现的你，上课多举手发言吧，你会走进另一片更精彩的天地。

　　祝
健康平安

　　　　　　　　　　　　　　　　　　　　　　　刘老师
　　　　　　　　　　　　　　　　　　　　　　　5月8日

第四章　引悟情怀

致善良又温暖的你

亲爱的美思：

　　你是一位好女孩。你心存善念，以善意的眼光看世界，以友善的态度对待人。这样的你，身上仿佛有一道圣洁的光。班级同学都喜欢与你做朋友。当同学有困难时，你会热心帮助。当同学有疑惑时，你会耐心解答。当老师需要你时，你会伸出援手。这样的你，真让我喜欢！你是一位有礼貌的女孩。每一次询问老师问题，你都不忘说一声"谢谢"。每一次从老师手上接过东西时，你也不忘说声"谢谢"。每一次道谢你都面带微笑，每一声道谢都发自肺腑。你还是一位懂得关心他人、体谅他人的女孩。老师时常被你那温暖的问候所感动，也常被你关心的话语所温暖。你还很善于学习。在学习上，你认真刻苦，胜不骄，败不馁。你持之以恒，不断努力，有很大的进步，这让老师感到欣喜。

　　老师喜欢看到你那灿烂的笑容，也喜欢听到你那琅琅的书声，还喜欢见到你友善有礼的模样。你是一只自由的鸟，愿你在知识的海洋里遨游。

　　祝
学习进步

刘老师
5月9日

阳光引悟教育学园

致阳光快乐的你

亲爱的锦枫：

　　收到期待已久的来信，你一定很开心吧！能与你相遇，能陪伴你成长，我感到幸福。

　　你是一个阳光活泼的男孩。你的每一天都是愉快的，笑容常爬上你的脸。课间，总能看到你与同学愉快交谈、玩耍。每当你有开心的事情时，都会跑来与我分享，我也替你感到高兴。你积极参加运动会，认真参加足球培训等，这一切都体现了你阳光、活泼、向上的一面，这让老师感到高兴。

　　你还是一个认真学习、有目标、有理想的人。你学习态度端正，每一天都认真完成各项作业，还能做到自觉预习、自觉复习，你真棒！不仅如此，你还热爱阅读，在阅读中善于思考，善于积累。你善于观察生活，积极思考，勤于动笔，你写的文章篇篇精彩。我要把最美的鲜花送给你，也要把最热烈的掌声送给你。

　　当读到你写的文章《刘老师，我想对您说》时，我感动不已，没想到我的关心的话语能让你感到温暖与幸福。你也曾为我做过许多暖心的事，那亲切的问候，那热切的关心，那不辜负老师期盼的认真……让人难以忘怀。我愿成为你成长路上的加油站。当你孤独时，风儿就是我的歌声，愿它能使你得到安慰；当你骄傲时，雨点就是我敲响的警钟，愿它能让你保持虚心。

　　祝
健康快乐

刘老师
5月10日

第四章　引悟情怀

致有责任心的你

亲爱的文粟：

时光流逝，你在成长。你懂事乖巧，责任心强，有担当，乐于奉献，团结同学……你有许多值得称赞的地方，它们都印在老师的心里。

最让老师印象深刻的是你勤劳的背影。你自担任组长以来，每一天早早到校，认认真真、勤勤恳恳收齐每一份作业。同学们做得不够好的地方，你细心发现并积极帮助。你每一天都承担着繁重的"工作"——为老师分忧，帮助同学，仍乐此不疲，无怨无悔。勤劳之星、奉献之星应该颁给你，你真的很棒！

你还是一位善良又贴心的好女孩。你尊敬师长，听从教诲，体贴关心老师。老师的疲惫因你温暖的问候而消散。你团结同学，努力为同学排忧解难，深受同学喜爱。学习上，你勤奋上进，力争上游，越来越能静心阅读。"书籍是人类进步的阶梯。"多阅读吧！愿你能坚持在书海里遨游。

值日，你很勤劳；工作，你很负责；读书，你很认真；活动，你很积极。这样的你，让老师欣赏。我愿你变得更加美好。希望是坚韧的登山杖，忍耐是旅行袋，带上他们，你可以登上高山，走遍世界。

  祝
心想事成

刘老师

5月11日

阳光引悟教育学园

致安静可爱的你

亲爱的佳俊：

周末的傍晚，安静而美好！我不禁想起了你可爱的笑脸和活泼的身影。

还记得你第一天来到班级的情景吗？那天，你爸爸带着你走进教室。你乖巧听话，还有些腼腆。上课时，你睁大眼睛、竖起耳朵听讲。下课后，你安静地坐在座位上等待下一节课到来。陌生的环境、陌生的老师、陌生的同学让你有点儿胆怯。熟悉之后，你变得自信开朗起来。尽管我们只相处了一个多学期，但你身上的许多闪光点都印在老师心里。你是一位非常有礼貌的孩子。每天放学，你的奶奶早已在家长接送点等候。你到家长接送点后，首先用目光寻找奶奶，看到奶奶后，从不忘记挥着小手跟老师说声"再见"。那真诚的样子真温暖人心。你还是一位默默奉献的孩子。有作业本需要下发时，你都会主动上前，帮助组长下发作业本。你做事速度快，效率高，从不用别人提醒。大家也因为有你而感到幸福。你还是一位勤奋学习、刻苦钻研的好孩子。你上课认真听讲，课后认真完成作业，勤思考，善提问。那勤奋的身影让人欣赏。学习有苦也有乐。疲惫时，你要懂得休息。读书破万卷，下笔如有神。加油吧，老师永远支持你！

　　祝
学习进步

刘老师
5月14日

第四章 引悟情怀

致乖巧又认真的你

亲爱的舒甜：

　　清晨，一缕阳光照进房间，照亮我的心田。此刻提笔，便想起了乖巧又认真的你。还记得你刚加入我们班的情景，你很腼腆害羞，依偎在妈妈身边。我觉得你很可爱，也期盼你能早日融入这个大家庭。值得高兴的是，你很快找到了好伙伴。你们几乎形影不离，不管做什么事都要在一起。愿你们互帮互助，共同进步。

　　你是一个善良又懂得感恩的孩子。你不仅对家人如此，对同学、老师也一样。还记得那个蝴蝶结橡皮筋，是你送我的小礼物，我非常开心，因为我收获了你的爱。这样的你是出色的，是优秀的。你还是一个认真负责的孩子。自你担任阅读班长，你变得开朗大胆了许多。你每天都认真做好自己的工作，对自己负责，也对同学负责。你希望同学们能好好利用时间，有效阅读，因此你以身作则，带动大家阅读。一个人能够对自己负责，对他人负责，这是一种高尚的品质。你还是一个认真乖巧的孩子。你对待学习从不马虎，认真听课，认真完成作业，一直努力学习着。希望你能更加积极思考、大胆发言，这样你会收获更多。克服恐惧，勇敢迈出第一步，你会发现一切都如此简单。

　　勇敢地飞翔吧！去拥抱那一片蓝天。

　　祝

学习进步

刘老师
5月14日

阳光引悟教育学园

致认真负责的你

亲爱的陈卓：

想给你写信的念头在我心里酝酿很久了，今日提笔，不知该从何说起。岁月流逝，你成长了。

你是一个认真的男孩。你对待学习非常认真，能自觉完成学习任务，作业书写工整。面对作业中的错误，你会认真订正。面对检测，如果成绩不理想，你会认真分析原因，找出对策，做出改变。你那认真、努力、好学的身影，让老师印象深刻。你不仅对待学习认真，对待工作也很认真。在学校值日工作中，你牢记职责，认真履行。在担任体育委员一职期间，你每天认真组织队伍，履行体育委员职责，为老师分忧，为同学服务。体育委员工作辛苦，每天都要喊口令，你努力做好，不气馁，不灰心，一心为班级服务。你认真的劲头让人佩服。你负责的态度、奉献的精神让人赞赏。你辛苦了，感谢你为班级所做的一切，奉献之星应该颁发给你！

你主动结交朋友。你能与许多同学交好，这是你与人相处的成功之处。老师有一句话要送给你，那就是"静坐常思己过，闲谈莫论人非"。人沉静下来要经常自省自己的过失，进而以是克非、为善去恶；闲谈的时候，莫议论别人的是非长短，要做到严以律己、宽以待人哦！好好领会，认真执行。老师喜欢认真的你、好学的你，期待更优秀的你。

祝

学习进步

刘老师
5月16日

第四章　引悟情怀

致文静的你

亲爱的楷棋：

在老师心中，你是一个可爱的女孩。你比较文静，身上有许多闪光点。

你是一个喜爱阅读的孩子。课间，你总是静静地坐在座位上，看着你的书籍。你完全沉浸其中，"两耳不闻窗外事，一心只读圣贤书"，那认真的模样真好看。还记得你在课堂上分享《管老师教我习作》系列书籍，你不仅喜爱阅读，还勤于思考，善于积累，在阅读摘录本上写下许多心得体会。你是一个有思想的孩子。平日里，你与同学交谈，对事物总有自己独特的见解。你写的文章《刘老师，我想对您说说心里话》让我惊叹。还记得我们刚开始学口风琴时，你站在主席台上给全校学生演奏了口风琴，那时的你真勇敢！如果你继续勇于表现，定会遇见一个更加美好的自己。

在学习上，你一直勤勤恳恳，按时完成学习任务。希望你多动脑，勤发问，这样才会有更大的进步。你要做一个有思想的人，也要做一个敢于表达的人，敢于展现自己的人，加油！

祝

学习进步

刘老师

5月17日

阳光引悟教育学园

致漂亮懂事的你

亲爱的欣欣：

你一定很期待这封信吧！你可能很好奇,老师到底会对你说什么呢？人活着,对生活总是要有些期待。有时候,容易得到的反而不会珍惜,来之不易的才会更加珍惜。

你是一个可爱的女孩。还记得第一天见到你的情景,你用那双水灵灵的眼睛看着我,眼神里透露出天真。你亲切地称呼我为姐姐。未开学时,你期待上学的日子。开学了,你享受每天的时光,一切都那么美好。我愿陪伴你快乐成长。你是一个聪明的女孩。你喜爱阅读,了解的事物非常多。你情商高,能体会他人之意,有小大人的感觉。你接受知识的能力强,学习成绩优良,看似不太用心,却总能得到好结果。尽管如此,老师还是想提醒你,一个人无论有多聪明,都要踏踏实实、认认真真去做事,脚踏实地,才能走得更远,走得更坚实。所以,上课认真听讲是必要的。小猫钓鱼的故事我们都懂,可千万别做小猫啊！

  祝
心想事成

刘老师
5月24日

第四章　引悟情怀

致幽默又善良的你

亲爱的林翰：

你是一个幽默风趣的男孩。你与子阳、炫潼是好朋友，你们拥有共同的兴趣爱好，几乎形影不离，简直是班级的三剑客啊！你常常有一些搞笑行为，常说一些逗人的话，把我们逗得开怀大笑。

你是一个善良体贴的男孩。与老师交谈，你面带微笑，话语中透露出对老师的关心和维护，令老师感动不已。你不仅对老师如此，对家人、同伴也一样。你还是一个乐于助人的男孩。有一段时日，你每天留下来帮助同学扫地。那积极干活、勤奋劳动的模样令老师印象深刻。你还是一个宽容大度的男孩。不管同学如何待你，你都报以微笑，宽容对待。遇到不高兴的事，你一笑而过，每天乐观向上，你的度量值得他人学习。老师对你有两个小愿望，一是希望你再大胆一点，勇敢展现自己；二是希望你把字写得端端正正，写出一手让人赏心悦目的好字。加油！不管未来遇到什么样的困难，你一定要懂得坚持，战胜它就会遇见彩虹！愿你一切安好！

　　祝
学习进步

刘老师
5月25日

阳光引悟教育学园

致活泼优秀的你

亲爱的开歆：

  一直想写这封信，却到现在才提笔，我怕写不完对你的情意。你的生日快到了，提前祝你生日快乐，愿我们的"开心果"天天开心，快乐成长，越来越优秀。

  我非常喜欢和欣赏你。二年级时，你就是个懂事的小大人。你善于沟通，善于表达，跟每一位同学相处融洽。你能将事情办得井井有条，这得益于你强大的管理能力、沟通能力、记忆能力。你是一位能力强、负责任的好班长。你会牢记班长职责，用尽全力协助老师管理班级，与老师一起帮助同学积极向上发展。老师没有想到的，你会提前想到；老师没考虑周全的，你会善意提醒；同学们没做好的，你会尽量协调、帮助。这其中，不知道花费了你多少精力。我已记不清你为班级做过多少件事，也已记不清你默默承受了多少委屈。但你的真心、你热心助人的身影，永远留在老师心里。老师要真心地跟你说一声："谢谢你，开歆！你帮了老师大忙，替老师分担了许多，你辛苦了。"你还是一位多才多艺的好少年。每一项班级活动，你都出谋划策。有你，我们的节目更精彩；有你，我们班更团结向上。你还是一位善解人意的好女孩，懂得体谅、体贴、宽容他人。你拥有美好的品德，尊敬师长，品行端正，乐观向上。你是优秀的。

  祝

平安喜乐

刘老师
5月26日

第四章　引悟情怀

致勤奋好学的你

亲爱的晶晶：

"笔尖心语，书信传情"活动已开展了很长时间，直到现在才写下这封信，让你久等了。"有缘千里来相逢"，是缘分让远在湖北的你来到老师身边，让我们相识、相伴。

"节气如竹，品性如莲"可以用来形容你。你是一个非常有礼貌、懂事的女孩。身为班长的你心系班级建设，努力以己之力为班级争光。班级的健康向上发展，你功不可没。你积极主动帮助同学，同学在学习上有困难，你毫不犹豫伸出援手。同学取得进步，你将最热烈的掌声送给他。对待他人，你总是坦诚友好，谦让大度。

你是夜空中最璀璨的那一颗星星。你的字工整美观，让人看了赏心悦目。你的朗读令人沉醉，像山泉在流淌，又似百灵鸟在鸣叫，悦耳动听。你深邃的思想，老练又不失纯真的文笔，常常给老师带来意想不到的惊喜。你大量阅读，不管是古今名著，还是外国文集，你都有涉猎。你的优秀源于勤奋好学、努力向上的拼搏。"春种一粒粟，秋收万颗子。"活泼、好学的你深谙每天进步的道理，勤加练习书法，成绩逐步提高。这些收获都记录着你成长的轨迹，承载着你的艰辛与汗水。我要为你喝彩，也将在背后默默关注你，支持你。海阔凭鱼跃，天高任鸟飞。快乐飞翔吧，愿你在蓝天中展翅高飞，绽放自我。

祝

学习进步

刘老师

6月3日

阳光引悟教育学园

致善良聪明的你

亲爱的和兴：

  我们的师生情谊有三年了。这三年里，你个子长高了，思想也成熟了，各方面都有进步，这让老师欣喜。我期待遇见一个更优秀的你。

  你是个聪明的男孩。你勤动脑，爱思考，敢于想象，有当发明家的潜能。我愿你一直爱思考，在寻找科学真理的路上有所成就。你是个善良的男孩。同学需要帮助时，你会及时伸出援手。你认真负责，有担当，每一天都做好了生活委员的工作。你与人沟通时，懂得谦和有礼，尊重他人；你团结同学，热心为班级服务。你将会赢得更多友谊。记住，坚持才能赢得最后的胜利。当你累了时，记得在心里告诉自己"再坚持一下，成功就在前方"。当你想偷懒时，记得在心里告诉自己"坚持学习，学习是一条漫长而有趣的人生路"。希望聪明的你，懂得天道酬勤的道理。成功＝1％的天赋＋99％的汗水。有付出才有收获，加油！

  祝

学习进步

刘老师
6月5日

第四章 引悟情怀

致善良可爱的你

亲爱的婷婷：

缘分让我们相遇，相处让我们相知，相知促进了我们的情谊，这是多么美妙的事情啊！很庆幸，能遇见美好的你，我喜欢你。

老师喜欢你的善良。你是一个内心纯洁、天性善良的女孩。对待老师，你尊重爱戴、体贴入微。当老师累了，你一句轻声的问候，让老师的疲惫瞬间消散。当老师需要帮助时，你二话不说立刻行动，小小的身体里蕴藏着巨大的能量。对待同学，你胸怀大度、友善宽容。你总能主动帮助组长做力所能及的事。你总能想到同学的需要和难处，并乐于帮助。对待家人，你知恩、感恩，能体贴父母的辛劳，懂得为家人分担。如此美好的你，让人疼，让人爱。你心态阳光，积极向上。你在学习上认真、刻苦，花费了许多时间和精力。我欣赏你不畏艰难险阻、迎难而上、积极进取的品质。加油吧，我相信你一定会越来越优秀。

  祝

学习进步

刘老师
6月6日

阳光引悟教育学园

致聪明好学的你

亲爱的晗烨：

"晗"——天将明，寓意希望。"烨"——光辉灿烂。最初见到你的名字，我想给你取名的家人，一定希望你的人生熠熠生辉。值得高兴的是，我遇见了一个如此优秀、散发光芒的你！我对你既欣赏又喜爱。

你聪明伶俐，思维敏捷。你勤动脑，善思考，遇到问题会主动寻找答案。课堂上，我一次又一次被你敏捷的思维所震撼，一次又一次被你脸上自信的神采所折服，一次又一次被你精彩的发言所陶醉。你多才多艺，绘画、演唱、朗诵、演讲、舞蹈等样样都会，样样都很棒，似乎没有什么能难倒你。绘画时，你很专注；演唱时，你很用情；朗诵时，你很激昂；舞蹈时，你很优美；运动时，你很矫健；跆拳道训练时，你很有力量。我真高兴能够遇见如此优秀的你。你有这样的成就，离不开家人的关怀和培育，更离不开你自身的努力进取。你顽强拼搏的精神，让人感动。你"动如脱兔，静若处子"。你可以"动"起来，也可以"静"下来，当学校需要你时，你一马当先；当班级需要你时，你争先恐后；当同学需要你时，你全力以赴。不管遇到什么困难，你都能大胆去克服，这样的你让同学钦佩，让老师喜爱。你热爱阅读，学识丰富。书海之中的人是幸福的，将遇见一个更广阔的世界。愿你这只雏鹰能够在天空中自由搏击，快乐翱翔。衷心祝你用智慧、才情、胆略和毅力，开辟一片灿烂辉煌的天地。

  祝
学习进步

刘老师
6月7日

第四章　引悟情怀

致善良优秀的你

亲爱的炫潼：

　　我们相伴快三年了。老师很高兴能成为你人生路上的辅助者、陪伴者。我遇见了一个优秀的你，善良的你，相信我将在未来遇见更美好的你。

　　你是一个善良的男孩。你与人为善，以诚待人。你用真心交换了许多真情，收获了许多友谊。你尊敬师长，能虚心接受老师的好建议，积极要求进步。你是一个优秀的男孩。你身为班干部，有责任心，有担当，敢作敢为，有奉献精神。在班级里，你关心班级发展动态，关心每一位同学的学习状况。你的努力与付出，你的真诚与热心，老师感受深刻并且珍视。你是大家的好榜样。你热爱学习，积极学习，勤于思考，敢于提问和表达。每一节课上，我都能听到你精彩的发言。每一篇作文中，我都能看到你深刻的思想。每一天，我都能看到你认真阅读的身影。你的阅读量很大，你善于从书中吸取营养。我要把最美的鲜花送给你，我要把最热烈的掌声送给你，请继续努力向前。

　　我愿你永远保持孩子的童真与快乐，阳光成长。

　　祝
天天开心

刘老师
6月8日

阳光引悟教育学园

致善良开朗的你

亲爱的孜孜：

　　那天早晨，你的妈妈把你带到我身边。你的脸庞很美丽，水灵灵的大眼睛里透露着纯真、善良，你对新环境有些好奇又带着一点点不安，这让我心生爱怜。我把你带进这个大家庭，期待你的融入，更期待你在班级里快乐成长。

　　时间悄悄流逝，你从刚开始的害羞到现在的开朗，绽放出自己的光彩，你让老师心里感到快乐与幸福。很高兴能够陪伴你度过这么多美好的时光，也很幸运能够见证你的成长。

　　你是一位善良的女孩。对老师，你怀有崇敬之心，热心为老师分担，常常帮助老师做力所能及的事。任职英语科代表的你，尽心尽责。身为阅读班长的你，带领同学们在阅读时间静心读好书。老师看见了你忙碌的身影，也看见了你那颗热忱的心。你不管做了什么，从不张扬，也不抱怨，一心一意把事情做好。老师要真诚地跟你说一声："你辛苦了，谢谢你。"与人交往中，你谦让有礼，宽容大度，热心助人。当同学需要帮助时，你伸出援手；当同学遇到难题时，你耐心解答；当同学需要安慰时，你送上温暖的关怀；当同学发生争吵时，你耐心劝解。你是多么友善啊，这样的你赢得了同学们的尊重与喜爱！你在学习上认真严谨，课堂上积极思考、大胆发言，常有让人惊讶的想法。"腹有诗书气自华"，希望你在书海里自由徜徉。

　　祝

学习进步

刘老师

6月11日

第四章 引悟情怀

致善良好强的你

亲爱的黄彬：

你是一个善良的男孩。你尊敬师长，听从教导。老师的话你都用心听，用心记，努力执行，这样的你让老师喜爱。每当老师需要帮助时，你总是一马当先，争先恐后。搬作业本时，你抢在前；组织活动时，你也抢在前。不仅对待老师如此，对待同学，你更是热心帮助。当同学受伤时，你总是关切询问；当同学有困难时，你总是伸出援手。你是一个无私奉献的男孩。多次的周末快乐秀活动结束后，地板脏了，是你主动拿起扫把，默默地扫干净。大扫除时，脏活累活你抢着干，你倒垃圾时的背影让我印象深刻。你还是一个尽心尽责的好班干部——体育委员。老师深知，体育委员的工作很辛苦，你一天之中需要多次整队，需要喊许多次口令，需要花很多力气，因为队伍秩序关乎班级荣誉。你任劳任怨，用心做好了体育委员的工作。班级因为有你而变得优秀！当然，当好一个班干部，不仅要有奉献精神，还要有领导能力，更要以身作则。老师想提示你，在人际交往中，以平和的心态对待他人，将会赢得他人的尊重和理解。真诚、宽容地对待他人，一切都会变得美好。书山有路勤为径，学海无涯苦作舟。努力吧，少年！

  祝
学习进步

刘老师
6月11日

阳光引悟教育学园

笔墨传情，静待花开

在通信不发达的时代，书信是人们传递信息、沟通交流的重要手段。随着科技的发展，沟通变得简便快捷。但是，亲手写下的书信包含了许多情感，能给人留下无尽的念想。

我给每一位学生的信件都是特别的。我还特意选取了符合每位学生性情的信封及书签，其中蕴含了特殊的寓意和期盼。例如：凯婷平时沉默寡言，一直默默努力学习，我选取的信封图案是岩缝中绽放的朵朵桃花，寓意她只要不断前行，终将收获灿烂的人生；钦凤有才华，敢于表现，我选取的信封图案是锦鲤在荷花池塘畅游，寓意她秉性高洁，自由生长……关于信的内容，执笔前，我都会仔细回忆每位学生在学校、班级里发生的点滴故事。落笔时，写下他们的学习、生活趣事，赞扬他们的优秀品质，表达对他们的殷切期盼。不管是初次见面的情景，还是娱乐放松的课间，一些事虽然早已过去，但我仍铭记心中。或许是与学生朝夕相处，那一幕幕让我记忆犹新，或许是我与学生的那份情，那一桩桩让我难以忘怀。一切的一切，都是那么美好。笔墨传情，传递的是一颗真心，传递的是一份对学生的爱。

写信时的我是幸福的。我每天都期待坐下来安静写信的时光，因为我的内心会变得平静，同时会感到快乐和满足。收到信的学生也是幸福的。因为他获得了一份礼物,读到了老师的心声。每天,学生到校后都迫不及待地跑来问我信是写给谁的,我总是微笑着回答:"等一会儿,你就知道了。"我爱看学生期盼的眼神,也爱看学生拿到信后的惊喜,更爱看学生读完信后眼中闪烁的那份感动。正是我与学生共同的期盼,让我有了源源不断书写的动力!

  细心观察,我发现学生收到信后有了很大的改变。也许是他们得到表扬与肯定,更有激情和动力了;也许是他们感受到了老师的期盼和爱,为不辜负老师的一番心意,开始努力奋斗了。以前的逸涵并不积极参加班级活动,这一次竟然主动参加乐器比赛了;以前的小鑫浮躁不安,现在能静心阅读了;以前的思楠不爱表现自己,缺乏自信心,现在在课堂上积极发言了……有一次习作要求学生写"我最心爱的礼物",殷乐的作文开头这样写道:"我最心爱的礼物是老师写给我的信,因为老师给我的不仅仅是一封信,是爱,是阳光,是希望……"看到这样的话语,我感动不已。我没想到一封小小的信成了她最心爱的礼物,也没想到她对信有这么深刻的理解。她还写道:"那时候,班里每个人都期待着这一封信。每次老师发信,大家都希望是写给自己的。那天,当老师念出我的名字时,我真的很惊讶,很惊喜。"殷乐能够如此理解我,我感到欣慰!作文结尾时,她写道:"这份礼物,给了我很多启发。从现在开始,我一定要努力学习。我每天看一遍这封信,每次都有不一样的收获。"殷乐收到信以后,比从前更认真学习了,比从前更善思好问了。如果将写信当作一次教育的良机,那么我成功了!一封信,让学生重新认识了自己;一封信,给了学生向上的动力。给学生写一封信,也是一种教育,当学生反复阅读时,就反复接受了教育,肯定会有不一样的收获。

真庆幸,我在学生心里埋下了一颗教育的种子,我将细心浇灌它,静待它开花。

第四章　引悟情怀

毕业礼物

今天,突然发现快到跟学生说"再见"的时候了,这一声"再见"不同于以往的每一天,以往的"再见"还会在相聚校园,这一声"再见"后,学生将各奔东西,继续前行,留下我坚守附小校园。回望过去,五年里,我将这一届学生从二年级带到了六年级,我为能够引领、陪伴、见证一群学生的成长而感到幸福。现在他们即将毕业,我还能留给他们什么呢?我想,或许文字还能够带给他们一点点念想、一点点温暖。于是,我给学生的毕业礼物是——每人一封信。

书信的作用有很多,让我坚持写信的理由,一是我曾给每位学生写过一封信。在那一封信中,我给了他们许多赞赏和期盼,给了他们许多鼓励和力量。其中有一位女生曾谈道:"每当我觉得学习很辛苦想放弃时,每当我在学习中遇到挫折时,翻开刘老师给我写的信,我就备受鼓舞。是刘老师在信中的鼓励让我懂得坚持,继续前行,感谢刘老师。"对她而言,这是一封有价值的信。这些饱含深情的文字发挥着重要作用,能够安慰她、鼓舞她。这让我有了一种教育的成就感和幸福感。二是教育具有延续性。这群小学生未来的学习道路还很长,往后他们可能会面临各种困难。当他们遇到困难时,拿出这封信重读,或许能够回忆起他们小学的美好时光,能够从信中发现自己的优点,增强自己的信心,能够在鼓励的话语中拨开迷雾,奋勇前行。

　　亲手写下的信,已经送到学生手中。回望与学生朝夕相处的时光,有苦有甜。我一直努力做好每一天的教育工作,与学生共同成长。因为教师的一言一行、一举一动,都可能给学生带来影响。因此,我要坚持修炼自己,钻研教育,认真教学,用心用情爱生、育人。

第四章 引悟情怀

附：

致善良的你

亲爱的锦枫：

东流逝水，叶落纷纷，荏苒的时光就这样悄悄流逝了。眨眼就五年，我很庆幸在你人生重要的五年里，陪伴了你成长。

你是一个善于观察的孩子。你喜爱生物世界。你会细心发现昆虫的特点，你会耐心记录动植物的成长变化，你就像一个生物学家一样积极探索着。人有所爱是幸福的，愿你在生物世界发现更多的乐趣，实现你的昆虫学家梦。你是一个懂得感恩的孩子。你感恩父母的辛劳，你感恩老师的付出。你曾多次写信给我，信中写满了对我的喜爱和感激。我为成为你的老师而高兴，我更为成为你喜欢的老师而自豪。严格的我怀着一颗赤诚之心，愿你变得更优秀，飞得更高更远。你还是一个听话的孩子。你在学习上很用心，从不马虎。常怀感恩之心去面对生活给予你的一切，你会过得更快乐。你的妈妈在你成长路上付出了许多，她希望你是她的骄傲，我相信你一定是她的骄傲。愿你在学习上保持那一份自觉。愿你对待各科学习都有观察动植物时的兴趣和专注。

愿我的临别赠言是一把伞，能为你遮挡人生征途上的烈日与风雨。

祝
心想事成

刘老师
7月5日

阳光引悟教育学园

致文静的你

亲爱的明蔚：

  时光走了，你在时光的洗涤下也变得越来越美好。你将离开，我的心中充满了不舍，同时也充满了期待。期待你在未来的日子里变得更优秀，实现理想。

  五年来，我以你为傲。你是文静的。你能够静心读书、思考，安静的内心会让你的头脑更加清晰、步履更加坚定。你是好学的。你对世界充满好奇和热情，具有探索精神。你是善良的。你与同学交往热情大方、真诚友善，这样的你赢得了同学们的喜爱。你还是上进的。你有坚定的理想，总是朝着目标前进，即使遇到困难也会努力克服，不曾放弃。有毅力、能坚持就是一种成功。你很爱读书，读书让你聪慧，让你高雅。读书多么美好啊，它可以提升我们的高度，拓宽我们的广度。终生学习应该是我们的追求。你在读书中获益良多，通过勤奋学习，你的毕业考试成绩优异。你为小学生涯画上了一个圆满的句号，我真替你高兴。真心祝贺你，也愿你在未来的学习生涯中更上一层楼。

  祝

学习进步

刘老师
8月12日

第四章　引悟情怀

致懂事好学的你

亲爱的奥灵：

　　风轻花落定,时光踏下轻盈的足迹,卷起昔日的美丽悠然而去。这几年来的点点滴滴都值得珍藏与回忆。感谢你曾带给我快乐,给予我关心和理解,对我尊重与爱戴。我也非常喜欢你。

　　你是一个优秀的孩子。你乖巧懂事,天真烂漫。我忘不了你上课时挺直的腰杆,忘不了你上课时专注的眼神,忘不了你课堂上响亮而动听的发言,忘不了你积极思考、认真交流的模样。你像一位天使给我们带来这么多美好的时光。你热爱学习,勤于思考。相信在未来的学习生涯中,你能一如既往坚持下去,更上一层楼。

　　感谢缘分让我们成为师生。一切的美好都不会因为分离而消失,那将是历久弥新的回忆。未来请加油！遇到困难不要放弃,遇到挫折不要言败。成功的那一天,我会为你喝彩。

　　祝
学习进步

刘老师
8月13日

写给黎孜的一封信:致善良开朗的你

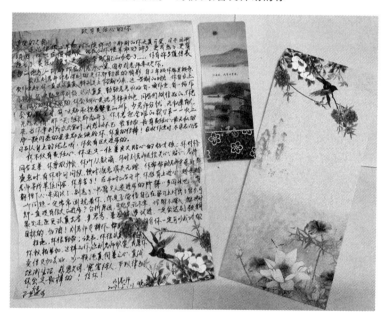

写给肖文粟的一封信:致有责任心的你

第四章　引悟情怀

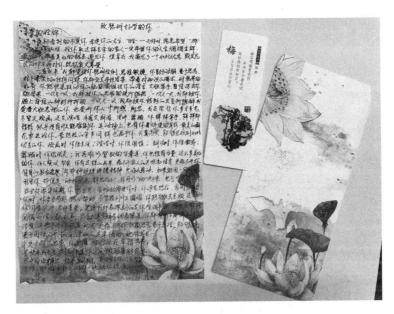

写给张晗烨的一封信：致聪明好学的你

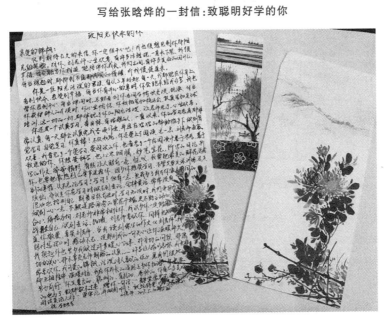

写给杜锦枫的一封信：致阳光快乐的你

写给杜明蔚的一封信：致文静的你

第四章　引悟情怀

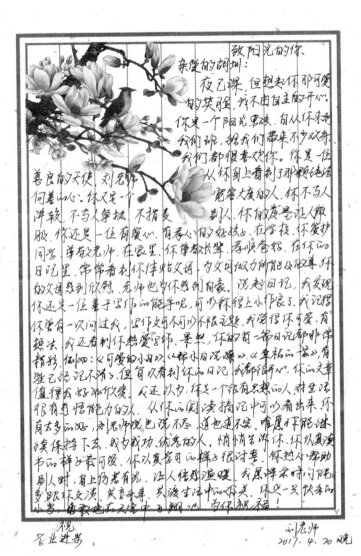

写给胡圳的一封信：致阳光的你

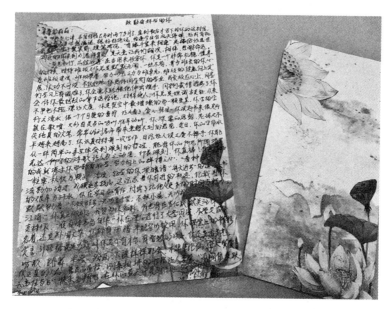

写给黄珊(原名:黄晶晶)的一封信:致勤奋好学的你

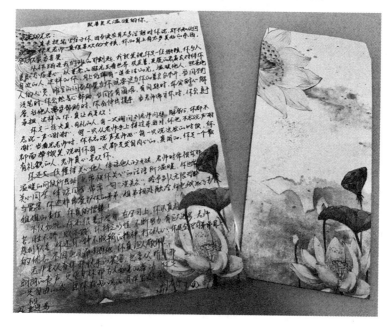

写给林美思的一封信:致善良又温暖的你

第四章　引悟情怀

致细心又贴心的你

亲爱的殷乐：

此刻，我坐在桌前，听着窗外的鸟鸣，享受着这宁静的午后时光。阳光洒进房子的细碎玻璃影里，脑子里不禁浮现你那可爱的笑脸，提笔写下那动人的文字，倾诉对你的眷想。

二、三年级两年的光阴里，你都担任着我们班语文科代表一职。在此期间，你每一天都认认真真、兢兢业业，每一天早上总能看见你忙碌的身影。你在细心耐心地帮助老师收取同学们的作业，每天你都做得很好，忙不过来时，也从不说苦、累。老师感谢你！谢谢你帮了刘老师大忙，谢谢你为班级做的贡献，你辛苦了。现在你担任班级的数学科代表，也同样优秀，老师非常信任你！你一直让老师感到放心。因为，你细心又尽责。

这个学期，老师感冒两个星期非常难受，可发着烧你眼里流露出对刘老师的心疼。似乎感冒的是你，又仿佛你想替刘老师分担我的苦痛。孩子，你的心善老师读懂了。我很感动。不只如此，你还常让刘老师多喝温水、少讲话，保护嗓子。你真是个贴心的好孩子。

我已记不清你为刘老师倒了几次水，你为刘老师拿过多少本子，你为刘老师找过多少次书本，因为你为刘老师做的实在是太多了。次数不重要，你的心善、你的关心，刘老师永远记在心上。你永远是刘老师的得力助手、贴心宝宝。感谢你的爱，刘老师也同样爱你。♡

在班级事务上，你总是尽心尽职；在与同学相处上，你总是懂礼谦让；在学习上，你总是进取上进，非常努力。这么美好的你，值得称赞！刘老师知道，你在学习上非常刻苦，你预习总那么认真，上课总是认真听讲。课后你作业一定保质保量按时完成，你考试时总细心反复检查。但总成绩，你似乎并不是特别满意。我想你不是不够努力，可能是没掌握方法，特别是数学。希望你勤思考、多发问，课堂上更积极地举手回答问题答错了不要紧，人是在学习中、犯错中不断成长！自信、阳光起来！刘老师相信你可以的。期待你一步步！来我们约定！如果你有错过的知识点、方法，那么你将疑问记录下来问老师直问吧！

　　　　　　　　　　　　　　刘老师
　　　　　　　　　　　　　2017.4.4.午后.

写给吴殷乐的一封信：致细心又贴心的你

写给余鑫怡的一封信：致纯真善良的你

第四章　引悟情怀

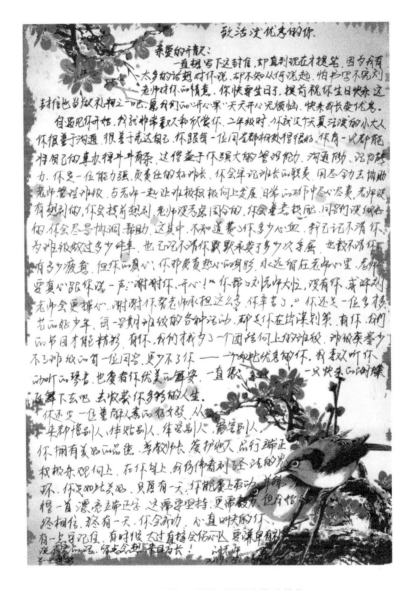

写给陈开歆的一封信：致活泼优秀的你

后　　记

  时间如过眼云烟。2014年暑期,我们怀着青春憧憬和教育梦想,来到了大亚湾,来到了当时交通不便、人烟稀少的惠深交界处的龙光城,来到了这里的华中师范大学附属惠州大亚湾小学！如今,七年过去,忆往昔,一切仿如昨日,历历在目！"一年打基础,两年要达标,三年成骨干,四年挑大梁,五年成名师。"我清楚地记得,这是叶祥佳校长在第一场教师大会上的讲话。这句话,伴随了我们七年,它犹如一座时钟,时刻在敲击着我们,让我们丝毫不敢放松；也犹如一面镜子,时刻在照着我们,让我们丝毫不敢懈怠！

  七年来,我们亲历了阳光引悟教育理念的播种、生根、开花、结果的全过程,在参与中学习,在实践中感悟,在成长中收获。回望过去的历程,我们做了什么？我们又得到了什么？我们可以与更多的同事、同行一起来分享这些收获吗？于是,我们暗暗决定编辑出版属于我们的成果。

  带着这个目标,从2020年的疫情期间开始,我们就紧锣密鼓地行动起来。先是翻箱倒柜,把能找到的笔记、获奖证书都找了出来,然后是翻"机"倒"盘",在使用过的每一台电脑主机、每一个移动硬盘或U盘里搜寻过去的蛛丝马迹。经过近半年的找寻,基本上把过去的

阳光引悟教育学园

每一篇文稿、每一次研究的痕迹都找齐了。对于这些零散的、碎片化的文稿,如何使之系统化?我们将文稿进行系统归纳整理,剪枝去叶,然后将每一篇文稿进行再加工、深加工,拓展理论的深度,提升实践的厚度,增强文稿的可读性。又经过近半年的研究,终于形成了《阳光引悟教育学园》初稿!

我们深知,书稿的理论源于叶祥佳校长的阳光引悟教育思想和理念,课题研究与实践也是在叶祥佳校长的亲自指导下开展的。叶祥佳校长看到书稿后,对我们给予了充分的肯定和大力鼓励。他审阅了我们的书稿,从书稿架构、理论引用、实践案例、文稿语句等每一个方面都提出了修改意见和建议。我们先后耗时大半年,从初稿修改到了第八稿。

与此同时,书稿的出版,也得到了有关领导、同事和朋友的帮助与支持,他们给予了我们力量和信心,在此一并致谢!

由于水平有限、能力不足,书稿中有些内容还显得较为稚嫩。在此,恳请读者不吝赐教、批评指正,我们将虚心接受,积极改正!

刘嘉琪　吴剑锋
2021 年 9 月